제주의 봄
올레에 흘리다

제주의 봄
올레에 물리다

걸을수록 더 깊이 보이는 세상 최고의 둘레길

초 판 1쇄 2025년 09월 19일

지은이 임경환
펴낸이 류종렬

펴낸곳 미다스북스
본부장 임종익
편집장 이다경, 김가영
디자인 윤가희, 임인영
책임진행 김은진, 이예나, 김요섭, 안채원

등록 2001년 3월 21일 제2001-000040호
주소 서울시 마포구 양화로 133 서교타워 711호
전화 02) 322-7802~3
팩스 02) 6007-1845
블로그 http://blog.naver.com/midasbooks
전자주소 midasbooks@hanmail.net
페이스북 https://www.facebook.com/midasbooks425
인스타그램 https://www.instagram.com/midasbooks

ⓒ 임경환, 미다스북스 2025, Printed in Korea.

ISBN 979-11-7355-498-8   03810

값 18,500원

※ 파본은 구입하신 서점에서 교환해드립니다.
※ 이 책에 실린 모든 콘텐츠는 미다스북스가 저작권자와의 계약에 따라 발행한 것이므로 인용하시거나 참고하실 경우 반드시 본사의 허락을 받으셔야 합니다.

미다스북스는 다음세대에게 필요한 지혜와 교양을 생각합니다.

걸을수록 더 깊이 보이는 세상 최고의 둘레길

제주의 봄 올레에 홀리다

임경환 지음

미다스북스

머리말

 2020년 봄학기 개학이 코로나로 인해 2주 늦춰졌다. 갑자기 시간이 주어졌고 그냥 제주도나 가볼까 하고 아내에게 말했더니 돌아오는 말. "지난겨울, 당신이 '제주도가 여기보다 더 따뜻하고 공기가 맑다.' 그래서 갔더니 싸락눈이 내리고 바람이 심하게 불고 날은 육지보다 더 춥고, 어디 추위를 피할 데도 없고 하늘도 우중충했어. 당신한테 속았는데 또 속으란 말이냐? 당신이나 다녀오렴."
 혼자서 제주도에서 멍하니 있기가 그래서 올레길을 한번 가봤다. 이왕이면 1번 길을 걸어볼까? 그게 시작이다. 코로나로 인해 지금은 제주도에 사람들이 오지 않지만, 조만간 외국에 나가지 못하는 엄청난 인파가 여기에 몰려올 듯하며, 이렇게 뜻밖에 2주의 시간을, 더구나 3월이면 봄이 한창일 제주도에서 이렇게 한가한 시간을 보낼 수 있다면 이것보다 더 축복받은 삶도 드물다. 코로나로 힘들어하는 사람들도 있지만, 또 이렇게 조심스럽게 움직이며 작은 비용이라도 쓰는 게 세상에도 좋은 거며 또 삶은 늘 평화롭지 않다. 역경 속에서도 그 환경에 맞게 사람은 살아가야 하며 어떤 환경에서라도 행복할 수 있도록 노력해야 한다. 그게 내 생각이다. 사람들이 힘들어하는데 놀러 다닌다고 눈꼴시럽다고 할 수도 있지만 늘 세상은 보기에 따라 위기 상황이고 결코 죽을 때까지 기다려봐야 내 마음에 쏙 드는 세상은 오지 않는다. 어떤 세상에서도 우린 살아가야 하고 또 거기에서 세상에 해악이 되지 않고 작은 보탬이라도 되는 한, 우린 또 열심히 살아야 하고 또 보람 있는 것, 나와 내 주위 사람들을 행복하게 하는 것들을 계속해야 한다. 또 그 무엇이든 다 나쁜 건 아니다. 위기 상황에서도 가능한 기회를 찾아서 내 삶을 계속해야지, 전염병을 탓하며 그렇게 세월을 보낼 수는 없으니까.

태평양에 떠 있는 많은 섬에도, 해안에도 가봤다. 몇 년 전에 딸이랑 1년 동안 아메리카 대륙의 모든 해안을 뒤지지 않았던가! 그래서 제주도만큼 멋진 곳이 있던가? 아니 제주도가 그 어느 섬이나 해안보다 풍경에서 빠지던가? 올레를 하면서 제주도 해안과 검은 돌담길, 밭자락, 넝쿨이 우거진 숲길을 걸으면서 우리 선조들이 제주도를 지켜냈다는 거, 제주도가 대한민국 땅이라는 게 얼마나 다행이고 자랑스러웠는지 모른다. 첫걸음에서 제주의 해안과 오름에 매혹되었고, 말 그대로 골목골목에 박혀있는 '올레'에 매혹되어 2주를 꼬박 걸었다.

    그리고 다음 해 봄에 다시 찾아왔다. 시작했으니, 끝을 봐야 하고 무엇보다 작년에 느껴본 제주의 봄을 다시 보고 싶었다. 다시 2주 동안 머물면서 2년에 걸쳐 제주도 둘레길을 걸었다. 제주도의 아름다움에 매혹되어 왔지만, 그 아름다운 곳에 묻힌 처절한 역사 때문에 마음이 꽤 많이 쓰렸다. 어쨌든 그런 마음공부도 결국은 올레길을 걸었기 때문이다. 수천 년 한결같았을 풍경과 옛날이야기, 그 길에 얽혀 살아가는 현재의 사람들, 모든 것이 아름답고 소중했다. 이 올레길을 계획하고 만든 분들께 아주 많이 감사드린다. 감히 이 길을 만들 생각을 하다니! 지금이야 올레길을 흉내 낸 둘레길이 온 나라에 천지지만 어찌 처음이라는 어려움을 뚫고 이 길을 만들어냈을까? 올레길은 세상 어떤 길에도 빠지지 않으며, 최고 중의 최고다. 그 이유가 길도 아름답지만, 그 길에 깔린 제주도 사투리, 가장 한국적인 말 때문이라고 생각한다. 제주도가 한자 하나 섞이지 않은 올레에 어울리는 말을 품고 우리나라에 속한다는 게 정말 다행 중 다행이다.

목
차

머리말
005

1부

첫 번째 봄맞이,
남쪽 해안 길

1코스 시흥리~광치기
시흥리에서 맞이하는 봄
015

1-1코스 우도
평생의 여행 동반자, 딸이랑 우도에서
024

2코스 광치기~온평
혼인지, 환해장성, 제주 역사와 만나는 길
031

3코스 온평~표선
가장 제주도다운 난미밭담길,
물고기가 살지 않는 신천리 바다
036

4코스 표선~남원
아픈 토산리길
044

5코스 남원포구~쇠소깍
제주도에선 보리수가 봄에 익는가?
047

6코스 쇠소깍~제주올레 여행자센터
제지기오름의 민달팽이야 미안해!
055

7코스 제주올레 여행자센터~서귀포 버스터미널
돔배낭길을 우연의 여행자와 함께
062

7-1코스 서귀포 버스터미널~제주올레 여행자센터
제주도에서 처음 보는 논, 하논
070

8코스 월평~대평
굵으면 날카로워지는 딸을 데리고 베릿내 건너기
075

9코스 대평~화순
다시 홀로 되어 볼레낭을 먹으면서
081

10코스 화순~모슬포 **10-1코스** 가파도
섯알오름과 알뜨르비행장이 전하는 제주의 아픔, 세상 최고의 보리밭
086

11코스 모슬포~무릉
'잉카의 잃어버린 도시' 같은 곶자왈
097

12코스 무릉~용수
제주도 농부는 출퇴근을 하나?
103

2부
두 번째 봄맞이, 북쪽 해안 길

13코스 저지~용수
일 년을 기다려 다시 찾은 제주의 봄
115

14-1코스 저지~오설록녹차밭
장끼도 사슴도 좋아하는 올레길
120

14코스 저지~한림
이곳 옛 선조는 국어의 천재였어!
125

15코스 한림~고내
남읍초등학교 아이들 모두가 시인이야
131

16코스 고내~광령
삼별초의 함성이 들리는 항파두리 토성
140

17코스 광령~간세라운지
왜 파도와 맞서는 바위는 거칠고,
계곡의 바위는 맨질맨질한가?
150

18코스 간세라운지~조천만세동산
올레 때문에 알게 된 조선 여인, 김만덕
158

18-1코스 추자도
제주도와 전혀 다른 느낌의 추자도
167

19코스 조천만세동산~김녕
제주도에서 하는 역사 공부
180

20코스 김녕서포구~제주해녀박물관
돈이 되는 쪽파 알뿌리
189

21코스 제주해녀박물관~종달리
시흥리로 이어지는 종달리,
돌고 도는 올레
195

1부

첫 번째 봄맞이, 남쪽 해안 길

제주의 봄을, 올레길을 걸으면서 최대한 길게 늘어뜨렸다. 봄이 만발한 제주에서 2주일 동안 지낼 수 있는 직장인은 드물다. 행운아로서 이 아름다운 땅을 우리나라에 속하게 해준 선조에게, 또 이 땅에 어울리는 이야기를 만들어 준 옛날과 지금의 제주인에게 감사하며 걸었다.

- 1코스 우도
- 2코스 광치기~온평
- 3코스 온평~표선
- 4코스 표선~남원
- 5코스 남원포구~쇠소깍
- 6코스 쇠소깍~제주올레 여행자센터
- 7코스 제주올레 여행자센터~서귀포 버스터미널
- 7-1코스 서귀포 버스터미널~제주올레 여행자센터
- 8코스 월평~대평
- 9코스 대평~화순
- 10코스 화순~모슬포
- 10-1코스 가파도
- 11코스 모슬포~무릉
- 12코스 무릉~용수

1코스

시흥리 --------- 광치기

시흥리에서 맞이하는 봄

올레는 '작은 골목길'의 제주도 말이란다.

코로나가 껍죽대는 세상에서 홀로 올레길을 걷는다면 전염병을 피하면서 제주도 골목골목에 배인 기쁨을 누릴 수 있는 멋진 선택이 된다. 외떨어진 제주에도 코로나로 인해 버스가 텅텅 비어 있다. 간혹 마스크를 야무지게 한 노인들만 버스에 오른다. '제주의 첫 마을'인 시흥리가 출발지이다. 조선시대 때 부임한 제주 목사가 시찰을 시작한 마을이다. 그 옛날 조랑말이나 가마를 타고 꽤 많은 사람을 거느리고 부산했을 모습이 그려진다. 그 옛길을 고적한 내 걸음으로 최대한 흐느적거리며 갈 거다. 시흥초등학교 앞에 올레 코스 표지석이 있다. 1코스라는 글자를 몇 번씩 확인하고, 그리고 숱하게 보게 될 뿐만 아니라, 길을 찾는 데 너무나 중요한 파란색 주황색 리본이며 올레를 상징하는 조랑말 모형도 확인한다.

　시흥초등학교를 벗어나면 금방 돌담으로 둘러싸인 무밭이다. 엉성하면서도 단단한 돌담이 걸러 보내는 바람을 받으면서 무가 푸르게 자라고 귀한 대접을 받던 유채꽃이 무밭에 잡초로 꽃을 피운다. 이게 제주도야. 크고 작은 돌이 불규칙하게 포개져 바람이 숭숭 삐져나오는 밭담, 그 검은 돌담 위로 상록의 송악 덩굴이 기어오르고. 육지에선 아직도 칙칙한 겨울 색 들판인데 그 돌담 속에서 푸른 무가 자라고 노란 유채꽃이 핀다.

　말미오름에 오른다. 온갖 도형 모양의 들판은 이미 푸르다. 제주도에서는 겨울에도 들판이 푸른 게 아닐까? 육지의 겨울에서 이렇게 가까이 이런 세상이 있다니? 거기다 파란 들판 너머에 바다도 있고 섬도 있다. 섬 같은 일출봉이 가느다란 길로, 육지로 이어져 있고 우도가 파도에 파묻힐 듯이 낮게 누워있다. 참 제주도도 섬이군. 육지로 잠시 착각했다.

　오름에서 내려온다. 양지쪽 어느 묘지는 구멍 난 돌담에 싸여 햇빛을 함빡 받으며 보라색 갯무꽃에 둘러싸여 있다. 저 주인이 죽어서도 저럴 줄 알았다면 죽으면서도 행복했겠어. 거기다 올레길이 무덤 앞으로 생기면서 다니는 사람 구경도 쏠쏠할 테고….

말미오름에서 본 일출봉과 밭자락

돌담과 보라색 갯무꽃에 둘러싸인 무덤

바로 작은 오름이 이어진다. 새알처럼 봉그스름한 알오름이다. 봉우리가 아니라 거대한 무덤 같다. 나무가 별로 없고 오름 아래쪽에는 띠가 자라고 위쪽엔 억새가 자란다. 아무리 제주도라지만 띠나 억새가 초록색이기엔 역부족이다. 띠꽃인 삐삐가 아직 생기지 않았다. 말랑말랑하고 달착지근한 삐삐를 씹으면서 오르면 좋겠어! 여기서의 풍경도 말오름에서랑 비슷하다. 두 오름이 나란히 붙어 있으니 그렇다. 봉긋봉긋한 언덕이 널려있다. 저게 다 기생화산인 오름들이야. 제주도에만 있는 특이한 풍경이다. 2만 년도 전에 설문할망이 불놀이를 하면서 돌을 날릴 땐 아수라장이었겠어. 저 많은 오름이 붉은 돌덩이를 뿜어내던 구멍이었다잖아. 우도와 일출봉 사이로 호를 그리는 종달리 해변이 이쁘다. 시작과 끝은 거기서 거기다. '끝은 또 다른 시작'이란 말이 맞네. 올레의 시작인 시흥리와 끝인 종달리가 붙어 있다. 올레 마지막 코스의 마지막 오름인 지미봉이 코앞에 있다. 하지만 저기까지 가려면 일 년이 걸릴지 십 년이 걸릴지 모른다.

오랜 느티나무가 견디는 종달초등학교를 지난다. 학교는 원래 저래야 하는데…. 꼭 사람이 아니더라도 세월에 오래 견디며 존재하는 것들은 의지가 된다. 아이들 추억에도 저 나무가 스며들겠지. 이름도 앙증맞은 종달리, 바닷물을 가마솥에 끓여서 소금을 만들었다는 옛 소금밭엔 갈대가 무성하다. 소금밭에 일군 무밭에서 농부 부부가 꽃을 활짝 피운 유채를 뽑고 있다. 제주도의 상징 같던 유채가 예쁜 꽃을 피우고도 잡초로 천대를 받고 있다.

활처럼 휜 종달리 바당길로 나온다. 이제 막 올레를 시작했는데 어찌 시흥리 바다가 아니고 종달리일까? 종달리를 기억하고 꼭 종달리에서 끝을 내 달라는 뜻일까? 나도 그러고 싶어. 하루 종일 너무나 혼자인 이 길을 가면서 제주도가 이렇게 좋아지다니! 파란 바닷가 길을 걷는다. 원앙새, 청둥오리, 못생긴 오리들이 민물이 솟아나는 바닷가에서 사이좋게 어울린다.

너울너울 걷는다. 우도 쪽에서 바람이 심하게 밀어댄다. 안데스산맥 토레스 델 파이네에서 빙하가 후려쳐 보내던 바람이랑 소리도 세기도 비슷하다. 그러나 이미 동풍은 차갑지 않다. 육지에선 아직 북서풍이 불고 있을 텐데 벌써 동남풍이 분다. 청정한 공기가 바람이 되어 모자가 날리도록 분다. 그래도 하나도 춥지 않다.

오징어를 널어놓은 목화휴게소를 지난다. 검고 거친 바위들이 바다에 늘어선다. 이 바람과 센 파도에도 제주도의 바위들은 여전히 검고 여전히 거칠다. '해녀의 집'이라 해서 식당에 들어가니 할머니들이 주로 죽을 판다. 나중에 보니 '올레길 해녀의 집'이 따로 있다. 그런 거까지는 다 모르지. 여기도 저기도 할머니 해녀들이겠지. 바당길에 알이 굵은 보리수가 달디달다. 제주도는 우리나라가 아닌 거 같다. 육지 것보다 알이 서너 배는 굵은 보리수가 겨울에 익고 있다니….

목화휴게소 주변에서 말려지는 오징어

제주도에서 봄에 익는 보리수

갑문교 건너 일출봉으로 간다. 숫자가 적긴 하지만 그런대로 여행객들이 있다. 코로나 때문에 줄기는 했지만, 나처럼 오히려 제주가 청정지역이라 생각해 비행깃삯이며 숙박료가 쌀 때 찾아온 사람들도 꽤 된다. 제주도를 사랑한 이생진의 시가 새겨진 돌에서 태평양이랑 만나는 일출봉은 아름답다. 그처럼 몇십 년 동안 밤이고 낮이고 이 자리에서 바다를 보면서 썼던 시를 다듬고 다듬으면 나도 쓸 수 있겠다. 잔잔이거나 출렁이는 이 푸른 바다와 기괴한 일출의 절벽, 낮게 누워있는 우도를 보면서 시를 떠올리지 못하면 간첩이다. 그래도 그 시를 보면 정말 제주 바다를 사랑하고 자기 눈으로 바다를 오래 바라본 사람이 맞다. 그렇지 않고서야 저렇게 절절한 시가 안 나오지.

할머니 해녀들이 옷을 갈아입고 햇빛 쬐기를 한다. 그 옆을 지나 일출봉으로 간다. 무밭에서 농부 부부에게 뽑히던 유채꽃이 길가에 만발해서 사랑받고 있다. 매달 첫째 주 월요일에는 일출봉에 못 오른단다. 오늘이 그날이다. 일출봉 아래 너른 능선은 몇몇 사람들이 차지한다. 봄이 마구 피어오르는 제주 최고의 명소가 간간이 오는 발길을 맞이하면서 오랜 휴식을 한다.

일출봉이 제주도에 부속된 섬이 아닌 이유가 가느다란 모래톱으로, 광치기해변으로 이어져 있기 때문이다. 일출봉에서 광치기로 가는 해변은 북중미 태평양 쪽 바닷가에서 본 거랑 똑같이 맑고 그 어디만큼 아름답다. 거친 현무암이 닳아서 검은 모래밭이 펼쳐지며 바다에 살던 조개며 물고기들이 하얀 모래가 되어 검은 모래에 섞여 있다. 죽은 성게가 닳아서 가시를 다 잃고 동그랗고 보드라운 유리구슬 같다. 하나 줍는다. 썰물에 바위가 드러난다. 바다 안에도 봄이 왔다. 봄풀이 돋은 듯 바위에 붙어 있는 파란 파래로 초록색 봄이 바다에 가득 펼쳐진 듯하다.

광치기란 말이 관치기에서 변형된 거란다. 파도에 실려 온 시신을 수습하던 곳이란다. 죽은 물고기의 뼈로 된 모래며 성게 껍질이 많은 걸로 보아 사람이든 미물이든 파도가 이곳으로 데려다줬나 보다. 어부의 목선은 저 파도에 얼마나 많이 뒤집혔을까? 시신을 찾지 못한 식구들이 이 모래밭에서 오랜 세월 동안 서성거렸겠어. 봄풀이 돋은 바위 위로 찰랑찰랑 물이 밀려온다.

일출봉

광치기해변, 바위에 들러붙은 파래가 봄풀 같다.

1-1코스
우도

평생의 여행 동반자, 딸이랑 우도에서

홀로 올레를 하고 있는 아빠에게 잠시 친구가 되어주겠다고 딸이 온다. "두 번의 동행이 가능하다."는 딸을 위해서 이 코스와 8코스를 비워두었다. 평생에 나랑 여행을 가장 많이 한 사람으로 아빠의 좀 거칠고 힘겨운 여행을 즐길 줄 아는 아이다.

막 도착한 하우목동항 올레 표지판에서 외국 여자가 우리에게 사진을 부탁한다. 멕시코에서 왔단다. 멕시코 사람이라는 이유 하나로 반갑다. 배낭을 메고 아메리카 대륙을 종단하는 우리 부녀에게 가장 유쾌하고 수많은 도움과 감동을 전해준 사람들의 나라다. 우리도 그녀에게 좋은 모습을 보여주고자 했다. 그런 어수선함 속에서 초록색 주황색 화살표를 구별할 생각도 하지 못하고 대부분 사람과는 반대인 방향으로 길을 가게 된다. 어차피 우도 올레길이란 게 이 섬을 한 바퀴 도는 것이니 어떤 방향이든 상관없다.

남쪽으로 간다. 섬에 있는 또 다른 섬, 우도에서 보면 제주도가 정말 바다에 떠 있는 섬처럼 보이거나 돌아가 속하고 싶은 우람한 육지처럼 보인다. 제주도의 진정한 가치는 떠나봐야 안다. 우도에서 바라보는 제주도는 청량하게 아름답다. 찰랑이는 바다 너머 아주 가까운 곳에 거대한 능선의 한라산과 여기저기 볼록이는 오름들이 흩어져있는 제주도의 진가가 드러난다.

무조건 친절하게 대하고 싶은 멕시코에서 온 여행자와 딸

검은 돌담이 늘어선 밭길로 들어간다. 낮은 돌담에 난 구멍으로 빠져

나온 바람이 들판에서 강력하게 돌아다닌다. 그 바람에 흔들리면서 유채꽃이 피고 청보리가 핀다. 시인이 "흔들리지 않고 피는 꽃이 어디 있으랴."라고 했지만, 우도의 유채꽃도 보리꽃도 전혀 그런 시련을 거치는 것처럼 보이지 않는다. 흔들림을 즐기며 흔들려져야만 키가 자라고 꽃을 피우는 유전자를 가진 종처럼 보인다. 우도에서 모든 사물은 오직 선명한 색으로만 구성된다. 검은 돌담과 노란색 유채꽃과 청보리를 흔드는 진한 청록색 바람, 파란 쪽파, 짙푸른 바다, 강렬한 햇살과 밭갈이가 끝난 검은 밭까지, 모든 것이 이쁘니 거름으로 쓰려고 바다에서 건져 길가에 깔아둔 해초까지 멋있다.

길에서 거름용으로 말리는 해초

홍조단괴에 닿는다. 자그맣고 새하얀 모래밭이다. 홍조류가 퇴적되어 형성된 모래밭이라는데 그냥 하얀 모래밭이랑 구별이 안 된다. 붉은색 모래라면 '그렇구나!' 하겠지만 홍조류가 살이 벗겨지도록 파도에 시달려서 그런가? 상관없다. 왜냐하면 거기서의 풍경이 너무 예쁘기 때문이다. 제주도에서보다 더 짙푸른 파도가 하얀 모래에 달려들고 제주도에서보다 더 검은 바위에 파도가 달려들다가 더 하얗게 퉁겨진다. 한라산과 일출봉과 온갖 오름들이 헤엄치면 닿을듯한 거리에 있다.

아비 앞에선 여전히 촐랑대는 스물여덟 살 딸이 보리밭에서, 돌담 앞에서, 짙푸른 바다 앞에서, 팔짝거리며 사진을 찍으란다. 둘이서 아메리카 대륙을 1년간 풍찬노숙하며 다닐 때 하던 짓 그대로다. 바람도 보리도 딸도 너울거린다. 검은 밭담 안에 쪽파, 보리, 마늘이 심겨 있고 담 바깥엔 야생이 되어버린 유채와 갯무가 절정의 꽃을 터뜨린다. 길가엔 알이 굵은 제주도 보리수가 지천이다. 한 움큼씩 딸 입에 넣어주며 천진항도 지난다. 정말이지 우도가 제주도보다 제주도답다. 우도의 돌담은 제주도 돌담보다 더 돌담 같고 우도의 바닷물은 제주도의 바닷물보다 더 맑고 더 푸르고 더 찰랑거린다.

제주도에 속하는 섬 중에 가장 크다는 우도는 설문대할망의 우연찮은 행동으로 인해 만들어졌다 한다. 설문대할망이 소변이 급히 마려워서 한

발은 성산에 있는 식산봉에, 한 발은 성산 일출봉에 딛고 앉아서 오줌을 쌌다. 거대한 할망치고는 두 발을 너무 좁게 디딘 것이긴 해도 어쨌든 그 오줌 줄기에 제주도 일부가 떨어져 나가 우도가 되었단다. 실수 아니 신의 한 수인가? 할망의 오줌으로 인해 우도는 우도답고 우도에서 보는 제주도로 인해 제주도의 진가가 인정된다.

천진항에서 쇠머리오름으로 펼쳐진 구릉을 오른다. 오름의 끝에 하얀 우도등대가 있다. 전설의 여인, 설문대할망도 하얀 조각상으로 우도의 꼭대기에 존재한다. 산꼭대기에서 내려다본 바닷가 동네, 쇠머리오름 절벽 아래 검멀레해변 마을이 있다. 막 피기 시작한 초록색 보리 이삭, 노란 유채꽃, 현무암이 부서진 검은 모래로 된 해변의 색이 강렬하게 개성적이면서도 서로 잘 어울린다. 거기다 푸른 태평양이 넘실거리니 우도 최고의 풍경이 된다. 우리나라에 제주도가 없었으면 얼마나 섭섭했을까? 제주도에는 우도가 없었으면 또 얼마나 섭섭할까? 우도에 검멀레가 없었다면 꽤 많이 섭섭하겠어. 바닷속에서 땅이 솟아올랐든, 설문할망이 오줌을 싸질렀든 기막힌 일이 일어난 건 맞네.

검멀레에도 바람이 보리밭을 짓밟고 다닌다.
보리가 소리 내어 운다.

보리는 흔들려야 보리 같다.

하고수동에서 늦은 점심을 먹는다. 다른 곳에서 해야 했지만, 지나친 모든 식당이 문을 닫았다. 기껏해야 오뎅이나 떡볶이 같은 간식을 파는 곳만 간간이 있었다. 그만큼 코로나로 인해 우도를 찾는 손님이 줄었다는 말이다. 하고수동 해변 푸른 바닷가에 무릎을 꿇은 인어 여인이 아직 그러고 있다. 소라를 건진 해녀들이 바다에서 나오는 모습의 상도 그대로다.

쇠머리오름에서 본 검멀레해변

마을 여인들이 밀물에 밀려와 단풍잎처럼 흐트러지는 해초 사이를 누비며 저녁거리로 쓸만한 해초를 줍고 있다.

우도는 천지가 바다 아니면 검은 돌담이며 바람에 흔들리는 보리, 쪽 파나 마늘, 유채꽃이 아니면 아무것도 아니다. 배를 타고 나오면 다시 우도가 보인다. 우도는 소가 누워있는 형상이라기보다는 머리를 쳐들고 바다에서 헤엄치는 뱀의 대가리 같다. 딸을 성산항에서 바로 공항으로 보낸다. 딸이랑은 여행하면서 하도 만남과 이별을 많이 해봐서 그 과정이 간결하다.

반찬거리로 해초를 줍는 여인들

2코스
광치기 -------- 온평

혼인지, 환해장성,
제주 역사와 만나는 길

어제 광치기해변에서 한라봉을 팔던 할머니가 굴이 시면 내일 아침에 더 주겠다고 했는데 아직 나타나지 않았다. 유채랑 갯무꽃이 잡초로 난무하는 길을 간다. 쟤네들은 밭이 아니라 길에 피어야 대접을 받는 세상으로 바뀌었다. 식산봉과 오조리 쪽으론 길이 막혀있다.

올레길에선 아쉬워도 하라는 대로 해야 하고 리본이 보이는 길로 가야 한다.

동남동과 고송리를 지나 곧장 대수산봉으로 향한다. 두 남자가 나를 지나친다. 나보다 나이는 있어 보이는데 걸음이 나보다 두 배는 빠르다. 완두꽃이 피고 가을에나 봄 직한 무의 몸뚱어리가 굵다. 길바닥엔 동백이 통째로 나뒹군다. 그렇다고 한눈을 팔아서는 안 된다. 까닥하면 길을 잃는다. 잠시만 생각에 잠기면 표지판이나 리본이 사라지며 영락없이 잘못된 길로 가게 된다.

어디선가 무인 판매대에 몇몇 종류의 귤을 섞은 것 한 봉지에 천 원에 판다. 고맙군!

소나무와 지린내를 풍기는 사스레피나무로 둘러싸인 대수산봉에 오른다. 어제 본 우도, 일출봉, 섭지코지가 드러난다. 누군 멀어지고 누군 가까워진다. 혹불처럼 수많은 오름이 봉긋하다. 달걀모양으로 잘록한 섭지코지는 파도가 몰려오면 뭍이랑 연결이 끊기겠다. 대수산봉에서 오래 휴식한다. 하루에 한 코스씩 하는 나에겐 시간이 남아돈다.

대수산봉에서 본 일출봉과 뒤쪽의 우도

검은 밭담 안에 무가 가지런히 자란다. 잡초 속에 알이 통통한 양배추가 뒹굴고 배추가 꽃을 피운다. 무는 팔리고 양배추와 배추는 값이 나가지 않아 버려진다. 온갖 꽃이 핀다. 봄에 피는 꽃의 1/3은 피었다. 냉이는 냄새도 못 맡았는데 벌써 꽃대가 억세다. 제주도는 우리나라가 아닌 게 맞다. 여기선 이렇게 허망하게 봄이 너무 일찍 온다. 그리고 곧 갈 거 같다.

옛날 말 목장 지대가 어딘지 모르고 지난다. 쓰여있지 않으면 모른다. 아무렴 어때? 봄이 푸르게 노랗게 보라색으로 내린 길을 너울너울 걸어간다. 오늘은 온전히 산길이고 시골 밭둑길이다. 싱그러운 봄 냄새가 가득하고 한가롭다. 버려진 밭에서 칼 하나 들고 무의 초록색 대가리와 하얀 뿌리 부분의 경계 부분을 잘라 먹는다. 너무 달다. 버려지고 뽑힌 무지만 퍼렇게 살아있다. 저녁거리로 버려진 무 하나를 챙기고 구멍 난 돌 틈에 솟아난 달래도 뜯어서 담아둔다. 아무리 천천히 걸어도 오후의 중간쯤엔 혼인지에 도착한다. 혼인지는 제주 고, 양, 부, 세 성씨의 시조들이 바다로 떠내려온 벽랑국 세 여자를 맞이하여 합동결혼식을 한 자리란다. 그들의 신방은 거친 바위굴이다. 입구가 하나며 방이 세 개로 갈라지는 동굴을 세 시조의 부부들이 하나씩 차지하며 각각의 후손들을 생산했단다. 둘이 포개면 천정에 닿을 거 같은 좁은 굴에다가 거친 현무암으로 사랑하다 부딪히면 머리가 깨지고 팔다리 다 까질 거 같다.

제주도는 물이 귀한 곳이다. 구멍 뚫린 돌로 이루어진 섬이라서 웬만한 곳에선 물이 고이지 않는다. 여기 혼인지에선 단단한 암반이 저수지의 바닥이 되면서 물이 고여있다. 그래서 초기 인류가 이곳에 정착했겠어. 식수가 있는 여기가 신성시되고 전설이 만들어지지 않았을까?

하루 종일 뭍을 돌았다. 이제 포구로 향해간다. 배추를 버려두면 통통한 배추에서 꽃대가 올라온다. 지금 그런 계절이다. 트럭을 몰고 가던 농부가 내게 말도 없이 귤 몇 개를 내밀고 간다.

온평포구다. 천지에 널린 돌을 쌓은 긴 담이 있다. 환해장성이다. 나중에 올레 중에 여러 번 보게 될 환해장성이다. 고려 때 몽골에 항거하던 삼별초들이 제주도에 들어오는 것을 막기 위해 제주도 해안 전역에 쌓았던 성의 잔해이다. 우리의 역사는 애처롭다. 삼별초도 애처롭고 몽고의 명령에 따라 어쩔 수 없이 동족을 막아야 했던 선조들도 애처롭다.

저 돌 틈에 짚신을 신고, 하고 싶지 않은 일을 하던 백성들의 애환이 보이는듯하다.

채썰은 무가 해안가 시멘트 바닥에 널려있다. 이렇게 심한 바람이 부는 곳에서, 바람에 날리지 않는 지혜를 배운다. 바람이 심할 땐 땅에 납작 엎드려야 해. 바위가 있으면 그거라도 붙잡고 엎드려 있으면 폭풍이 와도 죽지 않겠어. 오늘은 바다에서 시작해서 온종일 오름이나 동네를 쏘다니다가 바다에 닿으며 끝이 난다.

바닥에 들러붙어 바람에 날리지 않는 무말랭이

3코스

온평 ------- 표선

가장 제주도다운 난미밭담길
물고기가 살지 않는 신천리 바다

어제 걸은 길의 종점인 온평포구로 가지 않고 신풍리 하동으로 간다. 3코스는 내륙 쪽인 A 코스와 해안 쪽인 B 코스가 있다. 시간도 많고 어느 쪽도 놓치고 싶지 않다. 두 코스를 효율적으로 가려면 두 코스의 접점인 신풍리 하동쯤에서 시작해서 환종주를 하면 된다. 거기서 시작하면 A 코스는 거꾸로 도는 것이 되며, 3코스 시작점인 온평리에 가서 B 코스를 정방향으로 시작하면 된다. 두 코스를 하루에 다하는 건 내겐 무리다. 다 못하면 내일 돌면 된다.

물진밭교가 걸쳐진 건천을 따라간다. 늘 돌담이 있고 바람이 따라붙거나 다가온다. 바람에 엉망이 된 무밭 가운데 돌을 모으고 그 안에 묘지를 쓴다. 밭에 천지로 뒹구는 돌도 치우고 조상이 춥지 않게 그 돌로 담을 쌓은 걸까? 제주도의 농부들은 사람 사는 거처럼 산다. 돌담을 돌리고 뜰에 박하도, 유자도 심고 귀찮은 대문도 없이 깨끗한 공기를 맡으며 산다.

오름 능선에 있는 신산리 녹차밭을 가로질러 독자봉으로 간다. 홀로 떨어져 있는 오름이라서 독자봉이란다. 대부분 오름이 독자봉이 아니던가? 외로울 게 뭐가 있나? 바로 옆에 통오름이 있는데. 통오름에서 보면 이제 일출봉이 꽤 멀어져 있다. 바람이 설치는 벌판과 바람을 빨아먹는 바람개비 건너 한라산이 모습을 드러낸다. 어제 올레길에서 유일하게 만났던 두 남자랑 마주친다. 잠깐 스치기만 했지만 반갑다. 오늘은 서로 가는 방향이 다르다.

난미밭담길에 닿는다. 가장 제주도다운 길이다. 낮은 돌담 안에 귤밭이 있다. 마음만 먹으면 귤 하나쯤은 쉽게 얻을 수 있는 길이다. 손으로 만지면 흔들리는 곰보돌들이 어떻게 바람을 견디는지 신기하다. 난미밭담 한 중앙에 '다란'이란 무인카페가 있다. 커피 한잔을 뽑아서 색동천을 걸친 팽나무 아래에서 오래 휴식한다. 밭담 아래 내 고향에서 '개몰개'라 불렀던 까마중이 까맣게 익어간다. 이게 말이 되나? 아무리 제주도라지만 정말 웃긴다. 봄이 막 시작된 지금 잎만 무성해도 대단한데 벌써 열매를 익히다니, 비닐하우스에서 키운 것도 아닌데….

계절감이 안 잡힌다. 아열대 기후의 어느 나라를 여행하는 거 같다. 아무리 봄이 일찍 온다지만 어찌 개몰개랑 보리수가 익을 수 있을까?

　어느 돌담 안에서 갓인지 상추인지를 느릿하게 뜯는 여인이 있다. 손을 빨리 놀린다 해도 이미 쇠어가는 채소를 막지 못한다. 남편은 어디 간 게야? 며칠이면 잎이 뻣뻣해지고 꽃대가 올라오게 생겼다. 어차피 여인도 그걸 아는지 손길이 빠르지 않다. 사진을 찍으려다가 포기한다. 도와주지 않는 남편에다가 시간이 많아 빈둥거리는 남자가 멀리서라도 사진을 찍는 것을 눈치챈다면 크게 화를 낼지도 모를 일이다.

　이틀의 경험이 있는 올레꾼으로 어제 두 여자애가 온평포구 앞 조랑말 모양의 쇠 구조물이 있는 데서 수첩에 도장을 찍는 걸 본 적이 있다. 눈썰미 있는 내가 그걸 모를 리가 있나? 이 올레길을 걸었다는 증거를 수집하는 거야. 어느 남자가 그걸 놓치고 주위를 배회하다가 내게 묻는다. 그에게 친절을 주고 이제 해안 길인 B 코스를 시작한다.

　온평포구에도 검은 돌밭이 펼쳐진다. 저 검은 바위들은 파도에 시달리고 시달려도 여전히 거칠다. 고려시대에도 장갑이 있었나? 온평에도 환해장성의 잔해가 있다. 맨손으로 저 거친 돌로 성벽을 쌓았다면 그것도 고초이고 나라를 잃고 백성들에게도 배척당한 삼별초들이 강화도에서 목선을 타고 여기까지 와서 저 쏟아지는 돌벽을 넘는 것도 서러운 일이다. 결국은 삼별초들이 저 허술한 돌벽을 넘어왔다지.

해안에서 멀어져 잠깐만 들어가도 숲이 우거져있다. 좁은 오솔길로 가면 보이지도 않는 작은 새들이 엄청나게 울어댄다. 우거진 넝쿨에 막혀 큰 짐승도 매도 올 수 없는 곳에서 마음 놓고 울어댄다. 밭에서 무를 수확한다. 여자들은 쪼그려 앉아 무를 뽑고 무순을 잘라내고 남자들은 줄을 지어 거대한 자루에 무를 담는다. 밭머리에 냄비며 그릇까지 있는 걸로 보아 밥을 지어 먹으며 일한다. 바람에 들려오는 언어가 낯설다. 중국어다.

발바닥이 아프도록 거친 해안 돌밭으로 다시 나온다. 거친 돌 틈을 벌리고 유채와 갯무꽃이 낭자하고 굵은 보리수가 익어간다. 거세 보이는 파도는 수만 년 동안 저 검은 바위들의 거침을 길들이지 못했지만 한 철만 살다 갈 갯무가 돌 틈에서 살아가는 걸 보면 부드러움이 거친 돌의 마음을 여는 데 더 효과적이다. 돌고래가 찾아온다는 신산리 앞바다를 보면서 마을 카페에서 오래 휴식한다. 오늘 3코스 못다 하면 내일이 또 있다. 느긋한 나를 하얀 진돗개가 멀뚱히 쳐다본다. 올레꾼들을 익히 아는지 짖지 않는다.

신산리 만물이라는 용천수가 솟는 근처에 갈매기며 오리들이 즐비하다. 지하수로 스며들다 바다로 뿜어져 나오는 물이 지금은 밀물이어선지 번들거리며 바닷물이랑 섞인다. 꼭 그런 자리에 쟤네들이 많은 걸 보면 민물과 바닷물이 섞이는 자리에 물고기들이 많이 찾아오나 보다.

해안가 풀밭인 신천 목장이 있다. 돌 구덩이인 제주도에서 어떻게 저렇게 편평하고 풀이 돋은 땅이 있는지? 바다 쪽은 벼랑이고 그 벼랑 위에 목장이 있다. 해가 뉘엿거리는 오후에 파도치는 해안 절벽 위의 목장에서 풀을 뜯는 말 무리도 그림 같다. 해가 빠질 때까지 목장 언저리에 앉아 오늘은 요기까지만 하기로 한다.

신천목장

고망난돌은 구멍 난 바위를 뜻하는데 그 돌의 위치는 고망난돌 정류장이랑 전혀 관계가 없다. 그 바위는 종달리 저 끝에 있다. 고망난돌 정류장은 올레 3코스의 후반부에 있다. 남원에 있는 숙소에서 201번 버스를 타고 4일 연속 출근하는 사람처럼 익숙하게 내린다. 고망난돌 정류장에서 내려 곧장 바닷가로 가서 어제 끝내지 못한 3코스를 계속한다. 바다는 잔잔하다. 어제도 그제도 파도가 몰려다니더니 오늘은 잔잔하다. 바다로 향한 거친 돌무더기들이 어젯밤에도 제주도를 굳건히 지켜냈다. 검은 돌 위에 검은 가마우지가 날개를 펼치고 말리면서 멍때리고 있다.

  패배한 바다가 가만히 있다. 햇빛이 기운이 빠진 바다를 내리눌러 편평하게 하고 그 위에 올라타 반짝거린다. 돌 틈에 갯무꽃이 낭자한 길을 간다. 보라색 흔들림의 마중과 배웅을 받으며 상쾌하게 진행한다. 배고픈 다리는 천미천 개울물이 바다로 흘러드는 곳에 시멘트로 된 다리다. 배가 고픈 허리처럼 중간이 움푹 꺼졌다. 다리를 건너면서 돌 틈에 뭐라도 있나 해서 자세히 들여다본다. 물고기 한 마리 없다. 새끼도 없다. 궁금하다. 저 검고 구멍이 숭숭 난 현무암 틈에는 숨을 곳도 많고 육지에서 유기물이 흘러드는데 왜 새끼 물고기조차 없는지? 지금까지 본 제주 바다는 맑고 푸르기만 하다. 그 속에서 살아있는 무엇을 본 적이 없다. 하다못해 굴도 따개비도 안 보이니 별일이다. 움푹해진 다리를 보고도 배고픔을 떠올렸던 제주도 사람들이니 새끼 물고기라도 보이는 대로 잡으려고 해서 살아있는 것들이 없는 게 아닌지?

  오리가 떠 있는 바다에서 해녀의 물질을 지켜본다. 잔잔해서 물질하기 좋은 날 두어 명씩 몰려다닌다. 둥근 테왁을 안고 물 위에서 떠다니다가 인어처럼 꼬리를 위로 올리고 물속으로 내리박힌다. 오늘처럼 잔잔한 날은 그녀들의 날이다. 검은 바위가 편평한 곳에서 앉아서 그들을 지켜본다. 내가 앉은 자리가 '불턱'이라고 쓰여 있다. 제주 여인들은 무명천으로 몸을 감고 겨울에도 물질을 했단다. 그리고 이 불턱에 불을 피워 몸을 녹였다고 한다. 거센 바람이 부는 제주도에서 차라리 바닷속이 더 나았을지도 모르지. 제주도는 너무나 아름답다. 하지만, 이 여행 내내 보고 듣는 내용들로 마음이 아프다. 불턱에서 몸을 녹여가며 물질하는 해녀, 뗏목을 타고 제주도로 향하는 삼별초들, 그들을 막는 헐벗은 백성들, 해방으로 행복해하던 백성들이 제주도 전역에서 4·3 사건으로 동포의 손에 의해 살해된 이야기들, 그 모든 이야기의 영혼들이 지금은 들판의 갯무꽃처럼 이쁘기를 바란다.

지금까지 본 바다는 늘 이쁘다. 앞으로 볼 바다도 늘 그럴 것이다. 검은 바위들이 바다를 향해 기어가며 제주도를 지키고 태평양 바닷물은 연푸르게 투명하다. 어디쯤에선가부터 바다에서 눈을 돌려보니 한라산이 날개를 편 독수리처럼 존재한다. 양쪽의 밋밋한 능선으로부터 솟아오른 봉우리가, 어느 순간부터 가까워지고 있다. 바다에 흩어져 있는 검은 돌이 모두 저 봉우리의 구멍을 통해서 나온 거군!

물이 빠지면 넓은 모래밭이 드러난다. 검은 현무암 해변만 보다가 이렇게 넓은 모래밭은 처음 본다. 그 모래밭 까마득한 안쪽에서 할아버지가 갈퀴질을 하고 있다. 후퇴한 파도의 흔적이 고스란히 남아있는 모래밭을 걸어서 할아버지 쪽으로 간다. 발이 푹푹 빠진다. 줄무늬가 예쁜 비단조개를 꽤 많이 모았다. 하루 반찬거리로 조개를 캔단다. 한참을 걸어 나와 돌아본, 할아버지가 꼬무락거리는 어떤 생물체처럼 보일 정도로 물이 빠진 표선 모래밭은 그렇게 넓다.

물이 빠진 표선 모래밭에서 갈퀴질을 하는 할아버지

4코스
표선 -------- 남원

아픈 토산리길

당케포구를 지나면 화산에서 분출된 돌이 그대로 남아있는 듯한 돌밭이다. 돌도 거칠고 거기서 자라는 풀도 거칠다. 뾰족한 자갈을 밟으면 발이 아프다. 날이 좋아서 물질하는 해녀들이 어디에도 있다. 현대의 해녀들은 오토바이를 타고 출근한다. 깊은 바다로 들어가지 않고 아마도 동네에서 관리하는 바다에 전복이나 해삼 씨를 뿌리고 그걸 거두는 게 아닌가 추측된다. 해녀들이 들쑥날쑥하고 검은 자갈이 수도 없이 깔린 바닷가길, 표선에서 세화까지의 그 길이 민속해안로이다. 동풍에 밀리며 순식간에 걸어 낸다.

토산리에서 내륙으로 들어간다. 토산리에서 1948년에 18세부터 40세 사이의 남자는 군인들에 의해 모두 살해당했단다. 내 발로 걷는 게 그래서 중요하다. 올레를 하지 않았더라면 제주도 사람들의 그 깊은 아픔을 알 수 있었겠으며, 안다고 하더라도 이렇게 느낄 수가 없었겠지. 역사가 반복된다는 것은, 역사를 통해 배움을 하는 사람들이 없다는 말이다. 나중에 알고 보니 제주도 전역에서 수많은 사람이 살해당했다. 북한에서 가장 멀고 안전한 제주도민이 불순한 사람들로 여겨졌는지 모른다. 알고 싶어 하지 말자.

덕돌포구를 지나면 길가에 의자를 내놓고 동네 남자가 앉아 있다. 봄볕도 쬐고 사람 구경하러 나온 분이다. 좀 떨어진 의자에 앉아 쉰다. 이 길에 사람들이 많이 다니는데 요즘은 없단다. 코로나로 올레꾼들이 줄어들면서 그 남자의 재미도 줄어들었다. 나도 오늘 다른 올레꾼을 만나지 못했다. 원체 걸음이 늦은 나를 어떤 남자가 따라붙었지만 내가 피했다. 걸으면서 아주 오랜 시간 동안 큰 소리로 시시콜콜한 전화를 하는 그랑 거리를 두고 걷는다.

오늘은 대부분 바닷가를 따라서 걸은 셈이다. 남원포구에 도착한다. 찻집에 찾아가 쉰다. 남자 주인이 한라봉 두 개를 준다. 내 추측이 맞다. 그가 말하길 무 농사를 너무 많이 짓고 또 올해 풍년이 돼서 무 수확도 제대로 하지 않고 버린다고, 그리고 해녀들도 마을의 정해진 구역에 밭을 일구듯이 어패류 씨를 뿌리고 자라면 거둔다고 말해준다. 그래서 얕은 물가에 해녀들이 그렇게 많이 있다고. 오토바이를 타고 바닷가로 출근하고 최신식 방수가 되는 잠수복을 입고 씨를 뿌려서 자란 조개를 거두는 거라면 무명천으로 몸을 감고 차가운 바람을 피해 차라리 겨울 바다로 뛰어든 선배 해녀들에 비해선 아직도 고되긴 하지만 아주 편해진 거다.

5코스

남원포구 ---- 쇠소깍

제주도에선 보리수가 봄에 익는가?

어제 갔던 카페에 갔더니 사람이 없다. 원래 무인카페였군! 시설도 좋고 여행자를 위해 세심하게 신경 쓴 흔적도 있고 가격도 싸다. 여행자를 믿어줘서 흐뭇하다. 이천 원짜리 아메리카노도 품질이 좋다. 아무도 없는 카페에서 커피 한잔으로 시작한다. 해풍에 오징어를 말리는 길을 천천히 간다. 오징어라면 강원도인데! 반건조용으로 말리는 여인이 제주도에선 이만큼 잡히지 않는단다. 원양어선에서 잡은 걸 말리는 거란다.

오늘도 해녀들이 나타난다. 마침, 물에 막 들어가는 해녀가 있어 따라간다. 손에 날카로운 갈고리를 들고, 물고기를 찌를 날카로운 창도 챙긴 할머니 해녀가 빠른 속도로 바다로 멀어져간다. 딸이 해녀가 되고 싶다고 했지? 그랬어도 나쁘지 않은데 그 녀석은 분명 혼자는 하지 않고 그

누구도 아닌 아빠를 끌어들일 놈이라서 해녀가 아직 안 되길 다행이다.

금세 멀어져가는 해녀

남원리를 지나 우리나라 최고의 해안산책로라는 2.2km의 바위 절벽인 큰엉길로 들어간다.

20m에 이르는 현무암 절벽에 큰엉이라는 커다란 해식동굴이 깊이를 알 수 없는 껌껌한 구멍으로 존재한다. 절벽 위엔 우거진 숲길이다. 숲길 중간중간에 아래 절벽으로 내려가는 길이 있다. 절벽을 이루며 흘러내리던 용암이 비바람과 파도에 온갖 모양으로 찢어진다. 호랑이 얼굴, 젖꼭지, 인디언 추장 등등의 모양으로 닮고 찢어진 바위들이 절벽에 늘어선다. 절벽 위엔 잡목과 보리수 숲이 우거지고 어디쯤에서 터널을 이루는

길 양쪽의 나무가 절묘한 조화로 한반도지형 같은 공간을 만든다. 나무가 계속 자라고 누가 일부러 자르지도 않는데 아직도 그 모양이 유지되고 있다. 우리나라 최고의 해안산책로인지 아닌지는 모른다. 지금껏 보거나 나중에 보았던 제주도의 어떤 해안산책로도 서로에게 빠지지 않으니 이 산책로도 최고에서 떨어지지는 않는다.

큰엉길 양지쪽에서 어린 쑥을 뜯는 남자가 묻지도 않았는데 큰엉이 끝나면 쇠소깍으로 바로 가란다. 다음부턴 볼 게 없다고, 또 다음에 제주도에 올 때는 보름이나 그믐 때 낚시가 잘 되니 그때 오란다. 내겐 쓸데없는 말이다. 오래 산 사람에겐 볼거리가 별로인지 몰라도 내겐 지금까지 올레길에서 본 모든 것에 만족한다. 또 난 낚시에 흥미가 없다. 곁에 가까이 다가오며 이야기하는 그를 피하며 대화를 종료한다. 코로나로 예민한 시기에 너무 가까이 마주 보고 얘기하는 것은 아니다. 절벽에 줄 선 보리장나무가 붉은 열매를 주렁주렁 달고 있다. 이렇게 이른 봄에 육지에서 보던 자잘한 보리수가 아니고 굵고 두툼한 보리수가 익어있다니? 제주도의 기후와 토질에 보리수가 가장 잘 적응했다. 해안가에선 보리수가, 섬의 안쪽에선 수확하다 남겨진 무가 나의 간식이 된다.

해안을 따라간다. 닳은 자갈길을 따라 서쪽으로 가면 제주도를 둘러싼 섬이 떠오른다. 지귀도며 섶섬이다. 용천수가 솟는 태웃개에 닿는다. 보기만 해도 알 수 있는 차갑고 맑은 물이 솟고 있다. 지하수가 솟는 아늑한 곳에서 태우라는 뗏목을 엮어 용천수가 흐르는 물길을 따라 바다로 뗏목을 밀고 갔겠어. 일을 마친 해녀들이 태웃개에서 민물로 소금기 가득한 몸을 말끔히 하기도 했을 테고…. 제주도 물은 대부분 지하수다. 한라산 자락에 스며든 물이 태웃개 바닷가까지 오려면 수도 없이 걸러진 약수일 텐데 그 물로 씻으면 피부가 얼마나 맨질거릴까?

큰엉길 해안절벽

수산과학원을 지나면 올레길이 다시 섬의 내륙으로 안내한다. 고목의 동백이 빽빽하게 서서 땅바닥에 꽃을 흠뻑 피운다. 순수한 홑겹의 동백이다. 장미 흉내를 내는 겹겹이 겹친 사이비 동백이 아니라 홑겹으로 순수하고 간결한 토종 동백이다. 현맹춘이라는 여인이 한라산 기슭에서 씨앗을 받아 척박한 이 땅에 심어, 저렇게 키운 거란다. 나무의 크기로 보면 족히 200년은 되었을 거 같은데 그걸 심은 여인이 살아있어도 160-170살 남짓하니 저 나무들 나이는 140살도 되지 않았다. 그런데도 그렇게 고목으로 보이다니! 나무도 나이를 먹고 내 생각보다 빠르게 늙어간다. 동백꽃 길에서 현맹춘 여인의 손녀뻘 되는 할머니들이 대화한다.

위미항에서 한라산은 무지 가깝다. 산은 거대한 날개를 느릿하게 펼친 콘도르 같다. 모든 세상이 한라산을 중심으로 돌아가고 늘 하늘을 쳐다보면 밋밋한 한라산이 올려다보이는 이곳에선 한라산을 빼면 아무것도 아니겠어! 위미항에 거칠고 기묘한 모양의 바위로 둘러싸인 연못이 있다. 그 이름이 조배머들코지이다. 조배낭(구실잣밤나무)와 머들(돌동산)이 있는 코지(곶)란 뜻이란다. 용머리나 용트림을 하는 모양의 거친 기암이 포개져 있다. 저게 뭐라고, 일제 강점기에 저 거친 기암의 기운에 겁이 난 일본인 풍수가가 이곳의 유력가 김 씨를 꾀어서 돌을 폭파했단다. 사실이겠지. 먼 옛날 일이 아니니까 그래도 다 폭파하지 않길 다행이다. 불과 백 년 전인데 그런 미신이 통하는 세상이었다. 그렇다면 구실잣밤나무는 거친 바위에서 자랄 수 있고 바닷가 염분에도, 강한 바람에도 강한 나무인가 보다. 코지 앞 웅덩이는 위미 앞바다와 연결돼 바닷물이 들어오는 자연 수영장이다. 그래도 파도에 밀려 저 뾰족하고 거친 바위에 부딪혀본 사람으로서 바위 위로 넘어지지 않게 조심해서 놀아야 한다. 특히나 제주도 바다의 돌은 여전히 거칠다.

위미리에 특히 용천수가 많다. 그 용천수 하나하나 제주도 냄새가 물씬 나는 이름을 가진다. 고망물, 넙빌레 등등으로, 한라산 수맥이 위미항으로 향하고 거기에 거칠고 기묘한 바위가 바다를 향해 줄지어 있었으니 일본인 풍수가가 위미의 풍수를 망가뜨려야 이곳에서 인물이 나지 못할 거라고 생각할 만하다. 일본인 입장으로는 대단한 애국자 놈이었어.

종남천 개울 방호벽에 적힌 제주도 사투리

넙빌레를 지나면서 다시 바닷가 길로 간다. 이곳의 돌밭은 거칠다. 거

세게 일어서는 바다에 맞서려면 그래야 하나 보다. 제주도 해안의 거칢은 칠레 아타카마 사막에 있는 달의 계곡보다 더하다. 단지 찰랑이는 물소리 때문에 살아있는 듯하다. 정말로 그 거친 바위에 생명이 있다. 넙빌레에서 신례2리 사이 바닷가 거친 돌밭에 들어가 보면 굴이랑 조개가 바위에 붙어 있다. 지금까지 제주 바다를 보면서 왜 맑기만 하고 살아있는 것들이 보이지 않을까 했는데, 그렇지 않네. 며칠 본 걸로 제주 바다에 모두 적용을 하면 안 된다.

하례리 망장포구에 닿는다. 고려 말엽에 원나라에 제주도 산물을 보내던 항구란다. 수출이 아니라 공출항이었어. 포구에 해녀, 해남이 와글거린다. 뿔소라와 해삼을 수확해서 기중기로 끌어올린다. 엄청난 양이다. 그 옛날에도 해산물이 많아서 몽골에서 이 포구를 특정해서 공출물을 보내라고 한 걸까? 그건 그렇고 코로나로 인해 제주도를 찾는 손님이 없다면서 저렇게 많이 잡아도 소비가 되는지? 열 명도 안 되는 해녀들이 저렇게 많은 뿔소라를 주웠다면 소라가 지천이란 말이네. 씨를 뿌렸구나. 장뇌삼 키우듯이 바닷속도 농장이겠군! 해녀가 물속에 들어가 기중기에 달린 갈고리를 뿔소라를 담은 망에 걸어주면 기계가 뭍으로 들어낸다. 항구에 기중기까지 설치될 정도면 완전히 해녀를 위해 일군 바다 밭이 맞다.

하레리 해녀

예촌망이라는 해발고도 66.5m인 작은 언덕으로 오른다. 망을 보고 봉수를 피우던 곳이다. 언덕엔 귤밭이 낮은 돌담으로 둘러싸여 있으며 길가에 사스레피나무가 가로수처럼 늘어서서 작은 꽃을 피운다. 역겨운 꽃냄새도 익숙해지니 맡을만하다. 예촌망에서 본 한라산 능선은 너무 완만하다. 우리 집 뒷산보다 기울기가 낮다. 한라산이 넓은 자락을 펼쳐 사람들을 포함한 살아있는 모든 것들을 품고 먹여 살린다. 그러고 보니 왜 제주도라 했을까? 한라산이 섬의 전부인데 한라도라 하지 않고? 예촌망에서 까마귀쪽나무가 늘어선 길을 따라 나오면 마른 하천이 나온다. 쇠소깍으로 흐르는 효돈천이다. 건천 위 다리를 지나면 6코스 시작을 알리는 표지석이 기다린다.

6코스
쇠소깍 -------------- 제주올레 여행자센터

제지기오름의 민달팽이야 미안해!

가랑비보다 센 비가 내린다. 걷는 걸 멈추지 않는다. 사스레피나무가 풍기는 오줌 냄새가 이젠 은은하기까지 하다. 바닥이 마른 효돈천에 진달래가 핀다. 3월 초에 진달래가 피는 제주도도 우리나라다. 쇠소깍다리 근처 효돈천변에 완두콩 알이 꽉 찼다. '길가 메마른 땅에 용케도 완두가 자랐지.' 하며 몇 꼬투리 땄는데 누가 심은 거다. 따기를 멈춘다. 제주도에서는 하천이든 도롯가든 어디 눈곱만한 땅만 있어도 뭘 심는다. 그게 자기 땅이 아닐지라도, 구멍이 난 돌투성이 땅에서 그만큼 작물이 자랄 땅이 귀해서 틈만 생기면 뭐라도 심던 버릇이 살아있다.

쇠소깍은 한라산에서 발원한 지하수가 바다랑 만나는 곳이다. 제주에서 가장 거대한 하천인데 물이 흐르지 않을 뿐 생김이 오대산이나 설악산에 있는 계곡이랑 비슷하다. 비가 많이 오면 저 단단한 계곡으로 물이 흐르고, 아닐 땐 지하로 흘러 쇠소깍에서 시퍼런 웅덩이로 솟아난다. 느린 걸음으로 간다. 절벽 아래 시퍼런 물이 빗물을 담으며 더 퍼레지는데 날은 컴컴하고 움직이는 건 나 혼자다. 으시시하다. 비 오는 토요일, 이 유명한 쇠소깍에 찾아온 사람이 하나이니 가게도 닫고 나룻배도 다니지 않는다. 바닷물인지 민물인지 모를 검푸른 물길을 따라가면 검은 모래 해변이다. 한라산 서남벽에서 발원한 효돈천이 한라산에 있는 현무암 바위를 부스러뜨려서 만든 모래란다. 오늘 사람이 오지 않는다는 걸 아는 물고기가 바다에서 튀어 올라 몸 비틀기를 한다.

 게우지코지는 '바위가 늘어서 물을 가두고 있는 모양이 전복의 내장 같다.'고 해서 얻은 이름이다. 엎어지면 크게 다치게 할 거 같은 거친 바위들이 기묘한 모양으로 물을 가둔다. 밀물 때는 바닷물을 받아들이고 썰물에 바닷물이 밀려나면 용천수를 모아서 '알수물'이라는 작은 연못을 이룬다. 전복 껍데기처럼 복잡하게 얽힌 바위들이 금강산의 축소판 같다. 비가 촉촉이 내리는 날엔 파도도 거의 없는데 해녀도 가마우지도 물질을 멈추고 쉰다. 해녀는 보이지 않고 두루미며 가마우지는 바위 위에서 휴식한다. 비 오는 날의 농부 같다.

 바닷가 작은 오름에 오른다. 92m 높이의 제지기오름으로 가는 길은 한라산 능선보다 훨씬 가파르다. 길바닥엔 사스레피나무꽃이 흥건하게 떨어져 있다. 아무도 없는 정상 근처 소나무에 오르던 민달팽이에게 소금비를 조금 뿌린다. 느린 달팽이가 온몸을 오그리며 나무에서 재빨리 내려온다. 저 아래 꽤 큰 보목마을엔 사람이 다니지 않는다. 소나무 사이로 섶섬이 봉긋하게 솟고 그 섬에서 심심한 파도가 하얀 포말을 세우고 고개를 쳐든 물뱀처럼 마을을 향해 헤엄쳐 온다. 제주올레 인기가 예전 같지 않은지, 코로나가 그렇게 무서워서 그런지, 정말 오늘은 이 길에서 아무도 보지 못할 거 같다. 심심해서 아까 소나무에 오르던 민달팽이한테 사과하러 간다. 없다. 그 느린 달팽이가 끈끈한 점액을 가득 쏟아내곤 달아났다. 믿어지지 않는다. 주변을 수색한다. 솔갈비를 파고 숨어있다. 그러면 그렇지. 멀리 가지는 못하지. 옆구리를 툭 치고 아까 미안했다고 사과한다.

보목리로 내려온다. 자리돔이 많이 잡힌다는 보목 포구에 한기팔 시인의 시비가 있다. 성산포에선 이생진 님이 여기선 한기팔 님이 시를 썼네. 제주도의 다른 해안에서 바다를 노래한 사람들이다. 성산포야 말할 것도 없고 섶섬이 빤히 보이는 이 바다에서 파도가 고개를 빳빳이 세운 물뱀처럼 다가오는 이 바다를 보면서 누구 한 사람이라도 노래하는 사람이 없을 리가 없지. 바다를 보면서 바다에 의지하면서 살아온 사람들의 시다.

어느 바닷가에서 단단한 바위 절벽이 바다를 막고 안에 비췻빛 물을 담고 있다. 어디서 저런 모습을 봤는데! 그렇군, 백두산 천지다. 정말 닮았다. 바닷가에 있으면서도 바위로 바다와 분리된 작은 웅덩이 물은 맑게 푸르고 그 물에 비친 절벽의 그림자로 백두산 천지와 흡사하다. 맑은 날 이 웅덩이에 한라산이 비친다지만 비 오는 날 잔잔한 물에 비친 절벽들의 그림자가 고요하게 우아하다. 소천지에 비친 절벽 그림자에 혹한 여인이 사람이 다가오는 줄도 모른다. 오늘 유일하게 목격한 인간이다. 나랑 같은 방향으로 간단다. 올레를 돌면서 나랑 같은 방향으로 가는 올레객을 따라잡긴 처음이다. 따라잡았다기보다 사람이 없는 이 길에서 여자 혼자라서 소천지까지만 보고 돌아설까 계속할까를 결정하지 못하고 서성거리다가 나를 만난 거란다. 운이 좋은 그녀랑 하루 종일 입 한번 놀리지 못한 나랑 동행하며 올레길을 간다. 서로 느린 걸음은 얼추 맞다. 코로나바이러스 때문에 재택근무를 명 받은 그녀가 제주도가 보고 싶어 불쑥 날아왔단다. 나랑 같은 생각을 한 사람을 만났다.

소천지

섶섬이 멀어지고 문섬이 가까워진다. 해변으로 물이 떨어진다. 정방폭포다. 절벽에서 바다로 직접 떨어지는 20m 높이의 물줄기나 물의 양으로도 대단하지만, 오늘 비가 오면서 더 우렁차다. 코로나와 빗속에 몇 안 되는 관광객들이 호젓하게 머무른다. 제주도의 풍물은 영주십이경이니 탐라십경 등으로 표현된다. 주상절리를 이루는 절벽에 생성된 정방폭포도 조선시대 제주의 대표적인 방어진지인 서귀진지도 거기에 속한다. 방어진이 멋있다기보단 높이 솟은 방어진에서 서귀포 바다를 주시해야 하는데, 그 경치가 일품이었다는 말이다.

서귀진에서 섬의 내부로 들어가면 '이중섭거리'가 나온다. 불행했는지는 모르지만, 가난했던 화가 이중섭이 이 거리 어느 오두막에 세 들어 살았단다. 육이오 전쟁 당시에 이곳 단칸방에서 아내와 아이들이랑 1년간 살다가 부산으로 갔다가 요절했단다. 가난한 그가 바닷가에 내려가 그림을 그릴 여유는 있었을까? 딱 하나 섶섬이 보이는 바다 그림이 있다. 바다 전경을 묘사한 하나뿐인 그림으로 보아, 섬에 있으면서도 바닷가에도 제대로 못 가고 집구석에 박혀 담뱃갑의 내부 포장지인 은박지에 그림을 그렸겠지. 그의 그림을 보면서 이생진과 한기팔이 떠오른다. 늘 바다를 보면서 행복한 노래를 하며 제주도를 사랑했던 사람들이다. 이중섭은 살아가기에 바빠서 제주도도 파도도 바다도 사랑할 생각도 여유도 없었겠지. 제주에서 알게 된 세 예술가가 비교된다.

서귀포 올레시장은 규모도 크고 물건값이 비싸지 않다. 올레꾼에게 어울리는 재래시장이다. 날이 저문다. 소천지에서부터 동행이 된 김 선생이랑 맥주를 마시며 마무리한다.

서귀포 올레시장

7코스

제주올레 여행자센터 ---------- 서귀포 버스터미널

돔배낭길을
우연의 여행자와 함께

한라산이 깨끗하게 솟는다. 산이 느린 날개를 펴고 서귀포 쪽을 굽어보고 있다. 목련이 흐드러진다. 제주도엔 봄이 너무 빨리 오고 빨리 가서 봄이 낭비되는 느낌이다. 남원에 있는 숙소에서 7코스의 출발지인 올레 여행자 쉼터로 간다. 어제 동행했던 김 선생이랑 하루를 같이 보내기로 했다. 칠십리공원으로 들어선다. 우거진 숲 어디선가에서 굉음이 이어진다. 도심 속 아열대의 정글 움푹한 곳에서 하얀 물줄기가 내는 소리다. 천지연폭포다. 불균등한 두 줄기 눈물 같은 폭포를 멀리서 보지만 물이 떨어지는 소리는 이 공원에까지 쩌렁쩌렁 울린다. 바람처럼 지나가는 봄이 공원에 가득 심어진 매화꽃을 데리고 가버렸다. 여기선 봄은 너무 빨리 오고 너무 빨리 떠난다. 매화 대신 붉은 열매가 꽃처럼 달린다. 뭉

텅이 진 열매를 꽃처럼 달고 이곳에서 자주 보이는 나무가 뭔 나무인지 궁금했는데 마침내 나무 앞에 꽂힌 팻말을 발견한다. '먼나무'이다. 울릉도에도 비슷한 모양의 가로수로 마가목이 있었어. 서귀포에서 그 역할을 먼나무가 하고 있다. 연외천을 따라 만들어진 정글을 빠져나온다. 빗물로 굵어진 천지연을 멀리하며, 정말이지 잠깐 적도의 정글을 경험한 기분이다.

삼매봉으로 간다. 이 길에서 보는 한라산이 가장 길다. 동서로 길게 누운 산자락 아래 숲속에 집들이 박혀있다. 삼매봉 정자에서 서귀포에서만 볼 수 있는 노인성이 보인단다. '카노푸스'라는 이 별은 남극 쪽에서 310광년을 건너 서귀포에 나타나며 남쪽 하늘에 아주 낮게 뜨는 별이라 우리나라 어디에서도 볼 수 없고 제주도도 남쪽, 이 봉우리에서만 보인단다. 이 별을 보면 무병장수한다고 해서 조선의 선비 고관대작들이 여기까지 찾아왔었단다. 거참, 시원찮은 배를 타고 여기까지 별을 보러 오다니? 그때나 지금이나 세상을 좀 살면서 알게 된 노욕은 감당이 안 되었나 보다. 그 많은 부자, 고관대작 중에 별을 보기도 전에 혹은 보고 난 다음에 풍랑으로 죽지는 않았을까? 여기서 별을 보고 시까지 남기고 돌아가서 고깟 본인의 명보다 몇 년을 더 살았을까? 현재는 삼매봉 정상에서 어느 젊은 남자가 수없이 절을 하는 데 운동인지, 정신적 수련인지 헷갈린다. 두 개를 한목에 하는지 모르지만, 조선시대의 벼슬아치보다는 훨씬 오래 살 거 같다. 노인성을 봐서가 아니라 삼매봉에서 바라보는 한라산과 어제 본 섶섬과 새로 다가온 동그란 절벽으로 된 문섬을 품고 있는 서귀포 앞 바다가 너무나 이뻐서 오래 살 거 같다. 여긴 이생진 님도 한기팔 님도 오지 않았었나? 이렇게 이쁜 바다를 왜 노래하지 않았는지!

삼매봉에서 본 한라산이 동서로 길게 누워있다.

해안을 따라간다. 삼매봉에서 내려오면 7코스가 끝날 때까지 해안 길이다. 절벽 위 아열대식물이 우거진 길인데 올레 표지판엔 '돔베낭길'이라고 적혀있다. 돔베낭이 올레 표지판엔 '도마로 쓰는 나무'라고 적혀있고 누군가는 동백나무라고 한다. 말로 보면 동백나무가 어울릴 듯하지만, 그 길엔 동백나무가 없다. 이름과 관계없이 그 길은 올레 중에 가장 인기가 많은 길이란다. 그렇긴 하다. 철렁이는 바다, 그걸 막아주는 바위, 그 안에 투명한 빛깔의 호수, 제주도에 속하는 범섬, 새섬, 문섬, 섶섬 등등. 제주도가 이렇게 작은 섬들을 거느리고 있는 줄 몰랐다. 태평양에 있는 섬 중에 제주도가 제일 아름다운 섬이 아닐까? 가봤던 여러 섬을 떠올리며 생각해 본다. 신선바위에서 해안 절벽을 따라 외돌개로 가면서 태평양에 있는 섬에서 가장 멋진 해안을 느낀다. 바다로 들락날락하며 거칠게 서 있는 절벽 위로 걸어가면 고개를 쳐든 물개 모습을 한 외돌개가 나온다. 외돌개는 20m 바위기둥이 바다에 솟아 있는 모습인데 외로운 물개 한 마리가 상체를 일으킨 모습 같다. 우리 선조들이 대마도를 지켜내지 못한 그것이 아쉽지만, 제주도만이라도 지킨 건 다행이다.

외돌개를 지나 본격적인 돔베낭길로 간다. 해안을 따라 흐드러지는 유채꽃, 찰랑이는 바다에서 멀어지는 문섬과 다가오는 범섬.

내가 제주도는 우리나라가 아니라고 몇 번이나 말했지.

내 말을 증명해 주는 해안가에 늘어선 코코넛 나무들, 검은 돌과 푸른 바다, 길에 버려진 노란 유채와 보라색 갯무는 왜 지금쯤에 만발해서 저

러는지! 김수봉 님이 염소들이 다니던 길을 따라 홀로 개척했다는 수봉길로 가면 봄에 볼 수 있는 제주도 해안의 절정이다. 파랗게 반짝이는 해안을 따라 자갈이 파도 소리를 흉내 내고 봄꽃이 지천으로 피는 길을 그렇게 지나간다.

돔베낭 유채꽃 길

하루 종일 바닷가 길이다. 법환포구도 지나서 법환바당길을 따라 직선으로 난 바닷길을 간다. 망다리, 배염줄이 같은 지명이 나타난다. 모두 목호의 침입을 감시하고 막는데 관련된 지명이다. 그만큼 그들이 무시무시했나 보다. '목호는 원나라가 제주도에 설치한 목장의 관리를 위해 파견된 몽골인'으로 1,700명에 이르던 이들이 일으킨 반란이 감당하기 어려워 최영 장군이 군사를 이끌고 제주도에 와서 정벌해야 했을 정도로 막강했다고 한다. 제주도는 유난히 고려시대랑 관련된 흔적이 많다. 삼별초, 목호, 환해장성, 삼별초들이 만든 토성, 그리고 지명들. 애잔함은 있어도 행복한 이름은 아니다. 법환바당길에서 남편이 잡아 온 옥돔을 반건조해서 파는 아주머니가 있다. 올레 한 코스 정도 동행해 주겠다고 휴가를 내고 내일 딸이 온다니까 두어 마리 산다. 걘 아직도 맛있는 거나 먹고 배만 부르면 깔깔거리는 아이니 저걸로 충분하다.

법환바당길에서 남편이 잡아 온 옥돔을 반건조해서 파는 아주머니

오랜만에 이틀에 걸쳐 동행이 있으니 좋다. 들꽃도 지나고 검고 거친 돌밭도 지난다. 얘기하기도 하고 안 하기도 하며 군데군데 있는 찻집에서 쉬어간다. 어제 내린 비로 물이 흐르는 악근천을 건너고 가끔씩 밀려

오는 폭류에 닳은 강정천의 부드러운 바위도 건넌다. 강정천의 징검다리 같은 맨질맨질한 바위는 바다까지 이어진다. 파도는 사나우면서도 튀어나온 바위나 돌조각 하나 부드럽게 못 한다. 계곡물은 대부분 건천으로 눈에 보이지도 않지만, 저 거친 돌을 저렇게 부드럽게 만든다. 이생진 님이 좋아하던 파도는 시끄럽기만 하고 보기에 무섭게 일어서기만 하지 바닷가 거친 현무암을 아직도 길을 못 들여서 내가 바닷가 길을 걸을 때도 발이 아팠다.

  강정천 옆을 걸어서 강정마을로 들어온다. 여기가 그 유명한 강정마을이군! 아름다운 마을에 군사시설이 온다면 나도 싫겠지! 하지만 우리나라 어딘가에 해군기지가 있어야 하지 않는가? 나라가 있어야 개인이 있고, 또 개인이 모여야 나라가 만들어지니, 거참. 해군기지가 만들어지는지 어떤지는 모른다. 마을 길에 기지 건설을 반대하는 깃발과 표어는 유물처럼 붙어 있는데 동네는 너무나 조용하다. 동네 하우스에서 금귤이 자라고 미나리꽝에서 봄 미나리가 싱싱할 뿐이다.

  달빛이 은은하다는 월평포구를 지난다. 절벽으로 바다를 감싸안고 바다 군데군데에 따개비를 닮은 바위를 띄어서 파도를 진정시켜 달빛이 흔들리지 않게 하는 포구다. 절벽의 갓길엔 보리수가 무르익고 갯무가 낭자하다. 바다를 벗어나 내륙으로 들어가면 월평 아왜낭목 정류장이다.

거기서 7코스가 멈춘다. 달의 정기가 빠져나가는 것을 막기 위해 마을 주민들이 심었다는 아왜낭목은 찾기 힘들다. 잎이 성긴 소나무가 대신 달빛이 쉽게 스며들게 해준다. 이틀을 같이한 우연의 여행자를 아왜낭목 마을 어디에선가에서 한잔 술로 보낸다.

강정마을 벽에 붙어 있는 오래된 글귀들

7-1코스

서귀포 버스터미널 ------------- 제주올레 여행자센터

제주도에서 처음 보는 논, 하논

법장사에서 걸매생태공원으로 내려가는 길은 중남미의 달동네 같다. 좁게 꼬불거리는 산간마을의 골목길, 예술가들이 덧칠한 벽, 그 벽에 걸린 그림과 사진, 벽에 설치한 유리에 반사되는 풍경으로 아늑하다. 걸매공원은 어제 갔던 칠십리공원이랑 다르지 않다. 서귀포 바다로 빠지는 하천을 끼고 있는 습지의 상류를 걸매공원으로, 하류를 칠십리공원으로 달리 부르는 거뿐이다. 똑같은 개울이 흐르고 개울가에 꽃이 피고 같은 모습의 한라산이 올려다보인다.

법장사에서 걸매생태공원으로 내려가는 길

걸매공원에서 하논분화구로 가는 길은 별로다. 갓길도 인도도 없는 아스팔트를 차량 같이 공유해야 한다. 달리 좋은 길이 없으니까 할 수 없이 이러겠지. 하논은 '논이 많다.'라는 제주 말로, '큰 논'이란 뜻이란다. 제주도에서 처음 보는 논이다. 분화구 바닥에서 하루 1000~5,000ℓ의 용천수가 나와, 500여 년 전부터 벼농사를 짓던 곳이란다. 15m 정도의 낮은 언덕에 둘러싸인 엄청난 평지는, 그것도 논농사를 지을 수 있는 땅이라면 제주도에서 가장 귀한 땅이었을 것이다. 분명히 모두가 어떻게든 갖고 싶어 했겠으며 그래서 지금도 대부분 사유지란다.

낮은 화산이었던 분화구는 진흙으로 막혀서 자연스럽게 습지가 되어 제주도에서 가장 귀한 논이 되고 웅덩이가 되었나 보다. 이런! 봄 분화구 들판은 비어 있다. 가장자리 귤밭엔 탐스런 귤이 달려 있다. 저건 버려진 무밭의 무랑 달라. 버린 게 아니니까 건드리면 안 된다. 도랑엔 돌미나리가 먹기 좋게 반들거린다. 봉림사로 가는 길바닥엔 동백이 흥건하고 귤밭엔 마침내 수확을 포기한 귤이 떨어져 있다. 마침내 내가 원하던 것을 이룬다. 귤을 두어 개 집어 든다. 분화구벽에 봉림사가 있다. 4·3의 흔적이 여기에도 있다. 1948년 왜 제주도민만 직업과 나이, 남녀를 가리지 않고 빨갱이 취급을 받았을까? 역사의 광기, 그 광기에 이곳 승려들도 희생되었단다. 일본 식민지 시절에 노예처럼 살다가, 해방이 되어 너무나 기쁜 그들이 동포들에게 허무한 죽임을 당했으니 그 아픔과 분노가 오죽할까! 제주도는 아름다운 곳이지만 슬픈 이야기들이 너무 많다.

하논에서 호근마을로 가는 산자락은 온통 귤밭이다. 한라산이 펼쳐주는 넓은 자락에 수확이 끝난 과수원 군데군데 몇 개의 귤이며 한라봉이 달려 있다. 새가 파먹은 흔적이 있다. 새에게 주려던 의도였다면 성공이다. 이 코스에는 아스팔트를 따라가는 경우가 많다. 귤밭을 지나서 고근산에 닿기 전 여러 번 아스팔트로 된 대로를 걷게 된다. 올레길을 낸 분들이 제주도에서 가장 아름다운 길을 만들고 싶었을 텐데, 사정이 여의찮아서 이런 거겠지!

고근산은 산이란 명칭이 붙을 정도로 높다. 지금까지 올랐던 몇몇 오름이랑 다르다. 표고 400m 높이의 산이라면 뭍에서도 얕볼 수 없다. 높다고 해도 지금까지 아스팔트에 지쳐서 빨리 산자락으로 스며들고 싶다. 제주도에 있는 세상 모든 오름이 분화구겠지? 고근산도 예외가 아니다. 분화구 테두리 가장 높은 곳에 서면 발가벗고 누워있는 설문대할망 같은 한라산이 과감하게 펼쳐지고 반대쪽으론 범섬, 문섬, 섶섬을 품은 서귀포 바다가 가득하다. 거기다. 남서쪽으로 산방산이며 송악산까지 다 잡히니 한라산과 바다를 가장 넓은 화각으로 볼 수 있는 곳이 고근산이 맞다.

고근산자락에 엉또폭포가 있다. 마른 절벽이지만 폭우가 오면 세계 최대인 이과수폭포의 악마의 목구멍에 조금 못 미칠 정도의 위력을 갖게 된단다. 난대의 우거진 숲에 드러난 절벽이 적도 부근의 어느 나라에 와 있는 기분이다. 그렇지. 평소엔 메마른 절벽이다가 폭포가 되는 게 희소가치가 더 있겠어. 더구나 제주도에서 오는 비는 굉장하지. 귤밭에 둘러싸인 엉또산장에 무인카페에 들어가 차 한잔한다. 이 산장은 장마철이나 태풍이 올 때 오히려 붐비겠다. 큰 개를 데리고 카페 안에 있던 여인이 나를 보고 흠칫 놀란다. 무서워서 큰 개를 데리고 왔나 보다. 개도 생물체이긴 한데 큰 개새끼가 나를 노려보는 카페에서 커피를 마시는 건 별로다. 카페에서 서둘러 마신 커피로 인한 부족함을 산자락 귤밭에 있는 카페에서 천천히 마시며 달랜다. 그게 끝이다. 그 후로는 서귀포 버스터미널까지 사람들이 모여 살며, 네모난 건물들과 검은 아스팔트가 있는 곳을 지나지 않을 수가 없다. '올레'의 원래 뜻은 제주도에서 '집 앞 대문에서 마을 길까지 이어주는 좁은 골목'이라는데 사람이 많이 살면서 좁은 골목이 넓혀진 것이니 좀 넓혀진 올레길도 있고, 좁은 골목길에 가려면 사람이 많이 사는 곳도 지나야 한다.

엉또산장 카페에 빼곡히 붙어 있는 메모

8코스

월평 ------------ 대평

굽으면 날카로워지는 딸을 데리고
베릿내 건너기

딸이 찾아왔다. 휴가를 내서 아빠랑 몇 코스를 같이 하겠단다. 몇 년 전 1년 내내 아빠랑 아메리카 대륙을 쏘다녔던 딸이다. 고행을 같이한 옛 동료랑 우리나라에서 다시 만나는 기분이다. 수많은 추억을 공유한 딸이지만 유채꽃이 만발한 제주도에서 그 추억에 덧칠하는 것도 괜찮다.

야자수가 늘어선 바닷가에 있는 약천사는 동남아에 있는 어느 절 같다. 딸이 대웅전에 들어가 절을 하겠단다. 전에도 종교가 없고 지금도 없는 애가 무슨 심경의 변화로 부처님께 절까지 하겠다는 건지?

궁금하긴 하지만 귀찮아서 묻지 않는다. 아이의 종교는 나랑 즐겁게 노는 데 아무 상관이 없으며 오히려 알게 되면 더 번거로울 수도 있다. 뜰에 굴러다니는 거대한 귤을 하나 주워서 칼로 잘라서 맛을 본다. 엄청나게 쓰다. 귤을 제자리에 버리고 바닷가로 내려온다. 대포항으로 가는 현무암 길에 만조의 파도가 길을 삼키려고 덤벼든다. 올레길을 적시는 파도가 다음 공격을 준비하는 동안 딸이랑 동시에 날아간다. 이놈이랑 실로 오랜만에 호흡을 맞춘다. 거센 바람에 맞서며 비에 젖은 토레스 델 파이네의 들판을 걷던 나와 딸은 몇 년이 지나서도 그렇게 살아있다.

대포동 주상절리에 닿는다. 육각형의 바위기둥이 모인 것을 보고 딸이 감탄한다. 나도 딸도 전에 봤을 것이다. 뇌가 오래된 나는 잊었을 것이고 신경이 산만한 딸은 관심을 두지 않았겠지. 주상절리가 어떻고 하며 설명을 하면 한 소리 듣게 된다. 내버려두면 자기가 궁금해서 나한테 물어온다. 그때 설명하면 된다. 이 절리를 형성한 용암이 아직도 삼각형을 이루며 살아있는 '녹하지악'이라는 오름에서 쏟아진 거란다. 25만 년 전쯤에 그랬더란다. 그땐 백록담뿐만 아니라 제주도 전역에 수많은 구멍에서 불이 쏟아졌다면 살면서 어느 순간 어디에서나 그럴 수 있겠어.

해안을 따라 중문 해녀의 집을 찾아간다. 길길이 즐거워하다가 어느 순간 배가 고파지면 날카로워지는 딸에겐 빨리 점심을 먹여야 한다. 길이 이리저리 꼬불거리고 어디에선 개인 땅인지 어쩐지 막히고 등등을 겪으며 허둥거린다. 올레길에서 벗어난 그 집에 가는 길을 찾지 못하고 헤매다가 길을 막는 5성급 호텔 식당에 가게 된다. 돈 좀 아끼려다가 딸을 굶기면 안 된다. 코로나로 손님이 없는 고급 식당에서 등산화를 신고 바닷바람에 흐트러진 부녀가 정장을 하고 넥타이를 한 신사로부터 대접을 받는다. 이왕 돈을 쓰는 거 옆에 있는 고급 카페에서 커피까지 마시고 배가 불러진 딸을 데리고 나선다.

베릿네오름으로 간다. '별이 내린 내', 베릿네다. 천제연 개울에 별이 내려앉은 모습을 보고 그렇게 이름을 지었단다. 제주도 곳곳에서 바다와 하늘을 노래하는 시인들을 봤다. 그들뿐만이 아니다. 제주도 말을 만들어 낸 제주도 토박이 그 모두가 시인이었어. 태평양에 불꽃으로 솟아올라 바다가 갈고 닦은 섬에서 살아온 사람들은 지명도 생활용어도 시적으로 사용한다. 삼월엔 동백도 유채도 만발한다. 오름 주변엔 붉은 동백은 위에서 피고 노란 유채가 아래에서 핀다. 오름 위 허리엔 물길이 있다. 천제연 폭포에서 물을 끌어와 이 산허리를 통해 농업용수로 사용했던 흔적이다. 1908년에 완공된 이 수로로 아직도 물이 흐른다. 1908년이면 일본에 합방되기 전이니, 우리 선조들이 만든 게 맞다. 베릿내를 따라 내려온다. 밤엔 은하수가 흐르겠지만 낮에 베릿내 주변에 흐드러진 유채꽃으로 아름답다. 밤에 온다면 베릿내에 흐르는 은하수랑 별빛에 비치는 유채꽃으로 기가 막히겠어. 별빛천가를 은퇴한 부부가 천천히 걷고 있고 우리 부녀가 그 뒤를 따른다. 서로에게 그 모습이 좋다고 말해준다.

별이 내린 내, 베릿네

무슨 호텔에다가 골프장을 둘러 가느라 다시 내륙 쪽으로 들어가야 하지만 그 덕분에 대왕수천이 흐르는 예래생태공원을 지나게 된다. 도랑물이 흐르고 갯무와 유채가 흐드러지는 조용한 공원이다. 이렇게 아름다운데 거니는 사람이 거의 없다. 우리라도 안 왔으면 저 꽃들은 얼마나 서러울까! 봄이 피어오르는 개천가 습지를 딸에게 보여줄 수 있어서 좋다. 딸이랑 록키와 안데스산맥을 건너고 아마존의 습지를 돌아다녔지만 이렇게 아기자기하게 봄꽃이 피는 개울이 바다로 이어지는 우리나라도 너무 좋다. 아직도 딸은 아빠랑 다니는 게 그렇게 좋단다.

예래생태공원을 빠져나오면 바로 논짓물로 이어진다. 논짓물도 용천수다. 제주도에 있는 수많은 용천수 하나하나가 이름을 갖고 있으며 그 이름 하나하나가 시어다. 논짓물은 바닷가에서 대량으로 솟아나는 용천수다. 여름에 바다에서 놀다가 논짓물이 나오는 풀장으로 나오면 자동으로 샤워가 된다. 지금이야 차가운 물에 들어갈 이유가 없지만, 여름에 오게 된다면 한번 와야겠다.

예래 해안도로를 따라 하예포구로, 다시 난드르로 따라 대평포구까지 꽤 먼 길이다. 밀물로 몰아치는 파도와, 썰물로 갯돌을 드러낸 해안과, 꽃이 핀 길을 따라 대평리의 넓은 들을 보면서 해가 저물 때쯤 거대한 절벽 한참 전에 멈춘다. 박수기정이다. 높이가 120m나 되는 절벽이 바다에서 바로 올라서 길을 막고 있다. 박수기정은 '박수와 기정의 합성어로, 바가지로 마실 샘물(박수)이 솟는 절벽(기정)'이라는 뜻이란다. 저 절벽에도 결국은 바다로 가야 할 지하수가 새어 나오는구나. 절벽이 막고 있으니, 오늘은 여기까지다. 다음엔 저 절벽을 넘게 되겠어. 박수기정 뒤로는 산방산이 종처럼 단단하게 버티고 바다에 떠 있는 형제바위 뒤로 송악산이 있다. 저 길은 다시 홀로 갈 길이군! 박수기정 절벽이 둘러싸고 형제바위와 가파도 송악산이 한눈에 보이는 어느 찻집에서 머무른다. 딸이랑 유채꽃이 만발한 마당을 건너 바다로 빠지는 해를 전송한다. 오자마자

20km 넘는 거리를 같이 걸어준 딸에게 딱 맞는 선물이다.

어느 찻집에서 본 박수기정 절벽

9코스

대평 -------- 화순

다시 홀로 되어 볼레낭을 먹으면서

대평포구에 온다. 다시 홀로다. 8코스를 마칠 때 같이 한 딸이 언젠가 친구들이랑 와본 곳이라고 했다. 국수까지 먹었다면서 아빠랑 이 추억의 장소에 우연히 올 줄은 몰랐다고….

누가 옆에 있다가 없으면 적응하는 데 조금 시간이 걸린다.

박수기정, 저 절벽을 넘어야 평원으로 나갈 수 있다. 해안에 100여 미터의 높이로 선 절벽을 넘는 건 웬만한 오름을 오르는 것보다 고된 일이다. 이 절벽엔 조슨다리, 몰질 등등의 생소한 지명이 있다. 모두 절벽에서 유래한 지명이다. 대평리에서 서쪽 화순에 빨리 가려면 이 바위 절벽을 타야 한다. 아주 멀지 않는 옛날에, 두 마을을 오가던 기름 장수 할머니가 절벽에서 추락한 후에 마을 사람들이 송 씨라는 마을 석공에게 한

집당 보리 다섯 되를 주고 절벽에 길을 내 달라고 부탁했단다. 그 석공이 낸 길이 조슨다리이다. 몰질은 고려시대 때 절벽의 북쪽 한라산 기슭에서 키운 말을 대평포구로 보내던 길이란다. 결국 조슨다리랑 몰질은 조금 겹치지 않을까? 대평포구에서 박수기정을 오르는 데까지는 공통이고 절벽 어디쯤 갈림길에서 석공은 서쪽으로 절벽을 쪼아서 조슨다리 길을 냈을 테며 몰질은 북쪽 한라산기슭으로 계속되었겠지.

좁은 오솔길로 올라간다. 오르면서 생각한다. '나 이전에도 많은 사람이 살다 갔어. 지금까지 봐도 그렇고 또 후로도 사람들이 살겠군!'
절벽 위에 올라 대평항과 마을, 거쳐온 섬들을 본다. 아직도 범섬 그리고 더 멀리 있는 문섬, 섶섬이 보인다. 올레 10-1코스를 품고 있는 가파도가 나타나고 그 아래 마라도도 시야에 드러난다. 동서보다는 덜하나 여전히 완만하게 남북으로 날개를 편 한라산이 있다. 오늘같이 잔잔한 날이면 지나온 바다 어디선가에서 해녀들이 물질을 하고 있겠네.

박수기정 위에 있는 볼레낭길에는 때마침 볼레낭이 붉게 익어간다. 보리수가 제주도 말로 볼레낭이라는데 육지 것보다 굵고 탐스러우며 또 가을에 익는 육지의 야생 보리수와 달리 어찌 봄에 이렇게 붉게 익는지! 언제부터 빈 플라스틱 통을 갖고 다닌다. 볼레낭도 조금 담고 밭에 버려진 무를 잘라서 담고 수확하고 남은 콜리플라워도 담는다. 볼레낭길에 딸기꽃이 지천이고 꿀벌의 날갯짓 소리도 요란하다. 제주도에서 3월 중순이면 최절정의 봄이다.

박수기정 절벽 위에서 본 대평항과 마을

월라봉으로 가는 길에 토종 동백이 붉게 핀다. '난 단아한 너가 너무 좋다. 정말 좋아해.'

월라봉 오름길에서 금모래해변이며, 거대한 산방산과 남쪽 가파도 쪽으로 멀어져가는 송악산, 그 앞에 형제섬까지 드러난다. 곧 거쳐야 할 길이네. 이 올레의 반도 못 걸었지만, 남은 길에도 저런 풍경들이 널려있을 거란 믿음이 생긴다.

월라봉 허리 가장 넓은 시야가 확보되는 자리에 동굴이 있다. 일본군들이 한 짓이다. 아니지. 그놈들은 지시만 내리고 감독하고 제주도 백성들이 동원되어 저 동굴을 팠겠지! 정말 악착같은 사람들이었어. 일본 사람들이 서양의 식민지가 될 형편이다가 중일, 러일 전쟁에 이기면서 간이 배 밖에 나오면서 악바리처럼 저렇게 하면 세상 누구도 이길 줄 알았나 봐. 일본군이 일으킨 전쟁에 억지로 따라야 했던 그때의 우리 조상들도 살아남기 위해선 악바리가 되어 어떤 고통도 견뎠겠지. 동굴 깊숙한 벽에 식물이 붙어서 자란다. 하루에 일 분의 빛이 올 수나 있나? 그래도 그곳에서 사나? 정말 독한 생명체이다. 그 동굴에서 죽어간 일본군과 한국 사람들을 닮은 식물들이다.

안덕계곡은 기가 찬 절벽이다. 미국 사우스다코타에 있는 바위 얼굴을 연상시키듯이 절벽의 바위기둥들이 사람의 얼굴 모양이다. 얼굴 모양의 바위 절벽 아래로 계곡이 흐르고 계곡 가에 유채꽃이 만발했다. 너무 아름다워서 계곡을 내려다보며 한참 쉰다. 얼굴 바위 꼭대기에 앉아 있는 독수리가 너무 오래 머무는 내게 경고음을 보낸다. 이 계곡의 대장은 재쯤 되겠어. 호랑이가 있는 것도 아니고….

제주도 말은 이쁘다. 육지가 아닌데도 가장 우리나라스럽다. 안덕계곡에 걸린 다리인 '개끄리민교', 300여 년 전 제주 양씨가 황무지를 3,000

평 논으로 개간하는 데 사용했던 용천수인 '퍼물' 등은 정말 이쁜 이름이다. 그럴걸 그랬어. 제주도 말을 표준말로 했었으면, 말이 이쁘면 사람의 심성도 거칠어질 수가 없는데….

금모래해변에 닿는다. 금모래라는 이름도 역시 이쁘다. 햇살에 조갯가루로 반짝거리나? 사금이나 석영이 많이 섞여 있나? 어떤 이유이든 반짝이길 계속하고 금모래라는 이름만 갖고 있으면 상관없다. 반짝이는 모래밭에 발자국을 찍으며 지나간다.

금모래해변

10코스 화순 ----- 모슬포   **10-1코스** 가파도

섯알오름과 알뜨르비행장이 전하는 제주의 아픔, 세상 최고의 보리밭

9코스를 마치고도 남은 햇살이 금모래 위에 반짝인다. 10코스를 좀 더 걷자꾸나. 반짝이는 금모래를 밟으며 지난다. 아름다운 해변이었을 텐데, 한참 가서 돌아보면 무질서하게 들어선 집들과 공장들로 해변 주위가 어수선하다. 난개발이 이런 거군!

'썩은다리'를 향해간다. '저건 또 뭘까?' 하는 들뜸을 가지고 가지만 썩은 다리는 없다. 낮은 산으로 오르는 계단뿐이다. 다리도 없고 계단도 썩지 않았다. 그냥 자그만 언덕의 이름이 '썩은다리'란다. 제주도 대부분 지역이 현무암으로 되어있어서 검은색인데 유독 이 언덕의 바위틈에 박힌 흙이 노란색이라 썩은 흙처럼 보여서 그렇게 부른 거란다. 썩은다리에서는 바로 곁에 곧추 솟은 산방산이며 멀리 한라산 등에 눈이 팔려 노란 흙

이 있는지 확인도 못 해봤다.

　화순항 해안을 따라서 황우치해변과 용머리도 지나 사계포구로 간다. 용머리해안이 끝나는 옴폭한 곳에 하멜이 타고 온 배 모양의 전시관이 있다. 풍랑으로 배가 부서지고 어찌어찌하여 바위가 없는 이 포구로 기어 와서 기어코 목숨을 건졌으며 나중에 네덜란드로 돌아가 조선을 서방 세계에 알리게 되었다고 한다. 질긴 생명력을 가진 남자였어. 거친 바람에 밀린 파도랑 날카로운 현무암으로 된 제주 바다에서도 살아남고 13년을 조선에서 보낸 다음 도망쳐서 다시 그 먼 네덜란드까지 살아서 갔다니 정말 신에게서 목숨을 보장받은 사람이었어! 그 언젠가 한 번은 와봤을 용머리해안도 들리지 않고 하멜의 배 안도 이번엔 들여다보지 않는다. 오로지 올레길만 걷는다.

　어느 산들바람이 부는 봄날 오후에 소담스럽게 솟은 산방산과 그 산언저리에 샛노랗게 피어오른 유채꽃으로 발길이 떨어지지 않는다. 고봉으로 퍼담은 밥그릇처럼 절벽으로 솟아올라 호를 그리는 산이 다른 오름들이랑 사뭇 다르다. 유채꽃이 샛노랗게 피어도 구경꾼들이 드문거린다. 그만 가자. 산방산 주위의 유채꽃밭에서 어슬렁거리며 남은 하루를 보내고 내일 이어 가자.

봄이 온 산방산 자락

흐린 날 사계해안의 아침은 마치 저녁놀처럼 고즈넉하다. 포구 어느 마루에 서양 여인이 쪼그리고 앉아 해녀랑 이야기하고 있다. 가까이 가 보니 조형물이다. 1991년에 러시아 대통령이던 고르바초프가 여기에 들렀는데 그때를 기념한 조형물이란다. 고르바초프보다 바닥에 쪼그리고 앉아 해녀가 주는 생해산물을 받아먹던 그의 아내가 제주 사람들에겐 더 인상적이었나 보다. 삶도 족적도 순간이다. 의도한 행동도 아닐 텐데 그런 순간이 마음에 와닿게 되나 보다. 사계포구에서 송악산까지 형제해안로를 따라 걷는다. '한국의 아름다운 길 100선'에 선정되었다는 그 길엔 금모래해변에서 보았던 난개발이 없어 정말 아름답다. 멀어지는 물로 점점 드러나는 형제섬과 지천으로 깔린 바다와 절벽과 산, 모래밭을 다 볼 수 있다. 음울한 날씨까지 아름답다. '인간이 많이 건드리지만 않으면 아름답다.'라는 말이 만고의 진리가 되었어.

상모리해안 화석지에는 만 오천 년 전 사람과, 새, 코끼리, 사슴 등등의 발자국이 있다. 짧게 사는 생물이 남긴 흔적이다. 미세스 고르바초프도, 몇만 년 전의 사슴도, 사람도 짧게 살며 지구에 존재하는 종을 이어주며 열심히 살다가 한순간 저렇게 기록이 되었다. 순간이 영원해지는 순간이다. 나도 태어나서 자식을 낳고 이렇게 걷고 있으니, 지구의 자식으로 내 역할을 하는 셈이다.

바닷가 절벽으로 이루어진 송악산에 닿는다. 근사한 곳이다. 최고로 근사한가? 사계에서 송악산까지 이어진 해안을 건너 느리게 날개를 편 한라산, 고봉 밥그릇처럼 솟은 산방산, 서로 돌아서서 외로워 보이거나 또 그렇지 않게 바닷속에서 마주 보는 두 개의 바위, 형제섬, 바다에 떠 있는 뗏목 같은 가파도, 그리고 마라도. 파도가 부딪쳐 울어준다고 해서 '절울이'라 불리는 송악산 자체의 절벽으로 세계 몇 대의 자연유산에 넣어도 되겠다.

그렇게 아름다운 송악산의 바다에 접한 절벽에도, 세상이 다 보이는 산허리에도 동굴이 있다. 제주도 천지에 동굴이 없는 데가 없다. 저 열악한 동굴에 폭탄을 실은 작은 배도 숨기고 산허리 동굴엔 기관포도 숨기면서 일본군들이 2차대전 때 발악했던 증거란다. 제주도에서 그런 짓을 하기 전에 일본군이 져서 불행 중 다행이다. 아니었다면 일본군뿐만 아니라 우리 조상들도 그에 못지않게 희생되었을 테지!

어두운 역사를 품고 있는데도 불구하고 파도가 부딪치며 울어대는 송악산 절벽 길은 자체로도 엄청나며 또 그 길에서 바라보는 제주도의 모든 것들이 가장 아름답게 보인다. 더구나 3월의 중순에 지천으로 피어나는 들꽃으로 더더욱 그렇다.

'한국의 아름다운 길 100선'에 선정되었다는, 사계포구에서 송악산까지 형제해안로에서 본 형제섬

거기까지다. '몇몇 동굴에도 불구하고 참 아름다운 곳이군!'이라는 말이 쏙 들어간다.

섯알오름에서 일제의 탄약고로 사용하던 움푹한 구덩이에 육이오 즘에 양민들을 대량 학살하여 묻어버린 현장에 오면 가슴이 쓰리다. 제주도 곳곳에서 그런 장소를 보았지만, 여기가 가장 생생하다. 그 시절 내가 제주도민이었다면 내 성정으로 보아 분명히 이 구덩이에 묻혀있을 사람이다. 동네에서 말깨나 하고 못마땅한 것을 지적하는 사람들은 최우선으로 포함되었으니까.

송악산 절벽길

알뜨르비행장으로 내려와도 여전히 맘이 가라앉는다. 그 넓은 들판에 닦여진 비행장이며 시멘트로 지어진 격납고에 일본군들이 자살 공격용으로 사용한 제로센 전투기를 본뜬 작품이 있다. 일본 사람들이야 본인들이 일으킨 전쟁이니까 고생과 죽음을 기꺼이 받아들여야 하지만 그 들판에 비행장을 만들고, 전투에 끌려간 우리 조상들의 마음은 어땠을까? 지금의 우리는?

조금 살만하다고 다시 정쟁과 이기심, 위선을 앞세우고 핏대를 세우고 싸우면 갈대가 우거지고 노랑 꽃이 만발하는 알뜨르에서 또 남을 위해 죽게 된다.

운진항에서 미역 넣고 고동 넣어 국물을 진하게 우려낸 보말칼국수로 배를 채우고 가파도로 가는 배에 오른다. 헤엄치면 닿을 거리 같은 가파도에 배로 10분이면 닿는다. 제일 높은 곳이 해발 20m라는 가파도는 가오리 모양의 뗏목 같다. 남들도 그렇게 봐서 가파도라 했나 보다. 태평양의 센 바람에 이렇게 낮은 고도의 섬은 큰 파도 한 번이면 덮여버릴 거 같은데 정말 괜찮은지 걱정된다. 이 섬에 사람이 사는 거로 기록된 건 1751년(영조 27)에 제주 목사 정연유가 검은 소의 방목을 허가하면서부터란다.

알뜨르 들판에 있는 일본군 비행기 격납고

　상동포구에서 바라본 제주도는 헤엄이라도 쳐서 어서 가서 속하고 싶은 대륙 같다. 가파도 올레는 북쪽 상동포구에서 남쪽 하동포구까지 해안을 따라 또 한번은 섬 중앙에 있는 청보리밭을 가로질러 서쪽에서 동쪽으로 엎어놓은 'ㄹ'자 모양으로 되어있다. 그렇게 섬 구석구석을 돌게 해 봐야 거리가 4.2km밖에 안 된다. 세 시간이면 아주 넉넉하다.

　상동포구 할망당부터 시작한다. 폭풍과 폭우로부터 보호받고 싶은 주민들이 모시는 신당이다. 제주도 본도도 그렇고 여기서도 그렇고 여자들을 밭에서, 집에서, 바다에서 죽도록 부려 먹고 왜 신을 찾을 땐 여신으로 하는지 궁금하다. 너무 미안해서 그런지, 아니면 여자가 모든 것을 다 하니까 거의 전지전능하다고 생각해서 그런 걸까? 설문대할망도 그렇고 여기 할망도 그렇고 능력도 있고 부지런하지만, 여성적인 매력은 없는 존재를 그들의 신으로 정했다. 아무튼 섬에서 여자로 태어나는 건 고된 삶을 약속받은 거나 다름없었겠다.

낮은 돌담으로 둘러싸인 집 사이 골목길로 간다. 집집이 소라껍데기를 돌담에 꽂아두고 빌딩도 이층집도 없는 골목엔 눈에 보이는 공간이 많아서 걸음이 너무 느려진다. 본도보다 태풍도 더 먼저 맞고, 섬이 작아 바람으로부터 숨을 곳이 적으니 더 크고 단단한 돌로 담장을 쌓은 듯하다. 서쪽 해안에 보름바위라는 큰 왕돌에는 올라가지 말라고 쓰여있다. 저기에 올라가면 태풍이 불어 재난이 일어나서 섬사람들도 관광객도 조심해야 한단다. 어릴 적에 '문지방에 걸터앉으면 논둑이 무너진다고.' 해서 지금도 어쩌다 무의식적으로 문지방에 앉았다가 화들짝 일어나곤 했었는데 바로 그짝이다. 과학적이진 않지만, 일부러 심기를 건드려서는 안 된다. 나지막한 해안을 따라간다. 이 낮은 해안이 산호초로 둘러싸이지도 않고 오로지 홀로 태평양 파도에 맞서 존재하는 거라면 섬의 뿌리가 깊은가 보다. 바다에 잠겨, 보이지 않는 섬의 뿌리가 거대한 바위로 되어있지 않으면 적막한 태평양이 아닌 늘 파도가 몰아치는 북반구의 중간쯤에서 견뎌내지 못한다.

바닷바람을 막아주는 가파도 왕돌벽

섬을 가로지른다. 기대를 저버리지 않는 청보리밭이 펼쳐진다. 늘 부는 바람에 흔들거리며 바람이 지나가는 길을 만들어준다. 마치 별똥별의 궤적처럼 바람이 올 때마다 다른 바람의 길을 터주면서 번쩍거리는 청보리밭은 끝이 없다. 산도 건물도 없는 이곳에서 보리밭은 바로 바다로 연결되어 계속 편평하며 멀리 산방산이나 한라산에 눈길이 닿아서야 그 편평함이 끝난다. 청보리색 청보리밭에 샛노란 유채꽃은 너무 잘 어울리며 거기에 다른 아무것도 섞여 있지 않다.

가파도 청보리밭

보리밭과 해안뿐이다. 그걸로 충분하다. 남쪽 끝 하동에 있는 가파치안 센터에서 올레길이 끝난다. 상동으로 돌아올 땐 섬 중앙을 가로질러 북남으로 내어진 길로 간다. 집 담벼락에 그림과 짧고 알기 쉬운 말로 가파도의 역사가 쓰여있다. 온갖 잡다한 이야기, 가오리를 닮은 가파도, 조선시대에 사람이 살기 전에 이미 사람이 살았다는 증거로 고인돌의 존재, 맛있는 흑우 이야기, 하멜이 여기도 표류했다는 등, 너무 많이 알면 삶이 힘들다. 보리밭을 가로질러 섬 중앙에 김성숙이라는 이곳 출신의 애국자가 세운 가파초등학교를 거쳐 상동으로 돌아온다. 청보리만큼이나 풍경도 공기도 상큼하다. 어쩌면 가오리 모양의 작은 섬이라 조금씩 헤엄치며 움직이는 섬 같기도 하다.

11코스

모슬포 -------- 무릉

'잉카의 잃어버린 도시' 같은 곶자왈

모슬포항 주변 어떤 게스트하우스에서 머물렀다. 코로나 때문에 손님이 거의 없다. 나랑, 나같이 나이 든 여자 한 사람이 다다. 4인실인지 8인실인지에서 혼자 잤다. 기억에 외국인이 있길래 손님인지 아니면 고용된 사람인가 물었더니 자기가 주인이란다. 거기 머무는 동안 얼굴 한번 못 본 한국인 여자랑 결혼해서 게스트하우스를 운영하고 있단다. 그 남자의 국적도 얼굴도 생각이 나지 않지만, 그 대화만은 기억난다.

모슬포항을 건너오는 3월의 바람이 육지의 겨울바람보다 더 차갑다. 햇살이 눈부신 날 바다가 바람에 몹시 흔들린다. 따뜻한 햇살이 섞인 바람 속에서 젊은 할머니가 맑은 바닷물을 길러간다. 아토피가 있는 손자에게 저 물을 데워서 목욕시키려고 그런단다. 바닷물도 좋지만 "이쪽 동일1리 용천수가 제대로 된 제주도 지하수이며 원조 삼다수"란다. 바닷가에서 길러가지만, 삼다수가 90%인 혼합수군!

내륙 모슬봉 쪽으로 방향을 튼다. 말이 이상하지만 그래도 내륙이라는 말을 써주자. 밭 가운데 자그만 절이 박혀있고 알록달록한 집도 있다. 제주도에서는 농사짓기가 편하다. 마을이 마늘밭이나 무밭에 박혀있다. 마치 텃밭에 나가는 거처럼 어슬렁거리며 나갈 수 있고, 그런 밭도 관수시설을 다 갖추고 있으며 농기구도 집에 두지 않고 밭가 창고나 농막에 둔다. 밭 주변에 층이 낮은 빌라가 있고 낮은 돌담 사이로 좁은 골목길도 있다. 이젠 저 농부들이 빌라에 살면서 가까운 밭에 출근해서 농사짓고 가끔은 이 돌담 사이로 산책을 하겠어!

이쪽에서 산방산은 늘 우뚝하며 이정표가 된다. 여기서도 흔들리는 보리밭을 거치며 고도를 올리면 무덤들이 빽빽한 능선에 도착한다. 모슬봉 기슭에 밀집된 상모리묘지다. 천하의 명당이다. 제주 서남부의 이정표가 되는 산방산과 제주도 전체의 이정표가 되는 한라산, 어제 지나온 송악산과 알뜨르 들판, 내일 지나가야 할 곳들이 숨김없이 드러나는 곳이다.

모슬봉을 지나서 밭길을 걸어간다. 강한 바람에도 나무 향기가 진한 구릉의 무덤터를 지나간다. 터가 좋아서 이렇게 무덤이 많나 보다. 3월 중순에 양지쪽 냉이가 벌써 씨를 맺으면 남은 평생 무슨 재미로 사나? 제주도 냉이는 일 년에 두 번 꽃을 피우나? 한라산과 산방산을 배경으로 두고 푸른 머리를 날리는 보리밭을 지나가면 또 슬픔이 뭉툭 다가온다.

천주교 성지인 '정난주의 묘'이다. 그녀는 정약용의 조카로 천주교도인 남편이 능지처참 되고 자신은 제주도에 관노로 귀양 와서 평생을 보냈다 한다. 나중에 올레 18-1 코스가 있는 추자도에서 그녀를 다시 만난다. 제주도에 귀양 오면서 갓난아이를 추자도 갯가에 내려두고 왔으며 그 아이가 자라서 추자도에서 일가를 이루었다는 이야기가 전해진다. 제주도는 너무 아름답다. 아름다운 만큼 너무 슬픈 곳이 많다. 삼별초의 외로운 싸움과 동족으로부터의 배척, 온갖 귀양 온 이야기와 박해, 일제의 수탈, 4·3 양민 학살 등등으로 물들어있다. 그래서 풍경에 취해서 즐겁게 가다가도 이런저런 아픈 과거랑 마주치면 가슴이 아련하다. 시간이 다를 뿐 그들이나 나나 한번 태어난 사람으로 이 땅에서 살아가는 건 마찬가진데 어찌 그런 모진 삶이 있었을까?

정난주의 묘가 있는 대정성지

　생각에 잠겨 한라산 자락에 펼쳐진 모슬봉 주위 평야를 걷다 보면 '신평과 무릇 사이' 곶자왈이 나온다. 곶자왈은 '거친 돌밭에 나무와 덩굴 따위가 마구 엉클어진 덤불'의 제주도 말이다. 화산으로 터져 나온 돌밭에 덩굴식물들이 자라 농사짓기도 힘든 불모지였으나 지금은 자연생태가 고스란히 보존된 휴식처이다. 이 곶자왈엔 난대와 한대식물이 뒤엉켜 있다. 추위에 가장 잘 견디는 난대식물과 더위에 가장 잘 견디는 한대식물이 만나서 잘 지낸다고 한다. 코로나가 번지는 이때 거친 돌밭, 덩굴밭에까지 올 사람이 없다. 찾는 이 없어도 탱자나무가 잎을 내밀고 누런 띠밭과 억새밭에도 여린 꽃대의 기미가 보인다.
　엉클어진 덩굴에 묻힌 돌담이 있다. 예전에 밭터였는지 모르지만, 지금은 발을 들일 수 없는 잡숲이다. 마치 밀림에서 보는 '잉카의 잃어버린 도시'나, 덩굴에 감긴 '앙코르 유적' 같다. '정개밭'이라고 정 씨 남자가 이 숲에 들어와 개간한 곳이란다. 파도 파도 돌일 텐데, 흙이 어디 있다고 개간을 했으며 옛날에도 세상이랑 단절하고 숲에 은둔한 사람이 있었어.

하늘이 간신히 보이는 우거진 밀림에서 홀로 만리장성 같은 돌담을 쌓는 모습의 정 씨 아저씨가 유령처럼 흘러간다. 어디에서든 시간은 가고 녹이 스는군!

인향동 조그만 연못 구남물에 닿는다. 소나 말이 물을 먹도록 마련한 연못인데 세월에 멋들어진 팽나무 세 그루가 연못가를 지킨다. 세 나무가 사이좋게 햇볕을 나누어 쓸 만큼 떨어졌으니, 모양을 갖추고 이젠 소나 말보다 사람들이 와서 한참을 쉬고 가기에 좋다. 찰랑이는 물 너머 팽나무를 보면서 한참을 쉰다. 인향동 마을 어귀엔 큰 팽나무가 있고 근처 돌담 밑 양지에서 할망 둘이서 서로 알아듣는 말을 한다. 나는 들어도 귀머거리다. 모습이 좋아서 사진을 찍고 싶지만 차마 그러지 못한다. 좀 떨어져서 팽나무를 찍는 척하며 찍는다.

인향동 조그만 연못, 구남물

이름이 이쁜 무릉외갓집이 궁금했다. '무릉이네 외갓집'이면 초가지붕에 박덩굴이 올라가고 뜰에 잡꽃이 피고 할배 할매가 사람 좋은 웃음을 짓는 그런 곳이라 생각했는데…. 내 상상이랑 전혀 다른 조립식 철제건물로 안에서 식료품 같은 걸 파나 본데 일요일이라 문이 잠겨있다. 철제건물 앞에서 이 코스를 마친 남자 둘이서 올레용 수첩에 마침을 확인하는 도장을 찍고 있다. 오늘 온종일 걸으면서 본 올레꾼은 저 두 사람이 전부이다.

12코스

무릉 ---------- 용수

제주도 농부는 출퇴근을 하나?

　무릉외갓집에 쉴 곳이 없어 곧장 가면 좌기동이다. 안뜰에 아기자기한 잡동사니로 꾸며놓은 집이 있다. 꼭 찻집 같은데 앉을 자리도 마실 차도 없다. 사람은 물론 없다. 제주도 시골 마을에선 사람 보기가 하늘의 별 따기다. 그런데도 저 엄청난 마늘밭 양파밭은 누가 일구는지? 무릉리 벌판에 이른 봄 햇살에도 마늘이며 양파가 웃자란 듯하다. 그 푸른 마늘이 돈이 덜 되는지 태양광 시설이 마늘밭 사이로 파고든다. 앞으로 점점 더 할 거 같은데 꼴이 사납다. 산이 드문 곳이라 들판에 묘지가 있다. 왜 제주도에만 유난히 묘지가 많은지? 바람이 너무 세서 사람들이 오래 견디지를 못하나? 4·3의 충격으로 약해진 건가? 제주도 곳곳에 남아있는 4·3의 흔적은 제주도민의 가장 큰 아픔처럼 보인다.

신도리 들판에 물을 대는 도원연못 뚝방 위로 올라간다. 신도리 보리밭에서 바람이 나댄다.

바람의 모양을 보는 건 늘 경이롭다. 특히 보리밭에서는 더 그렇다. 그 들판에 무를 포장하는 공장이 있다. 공장 근처에는 수확한 무가 여기로 온다. 씻고 포장하고 다들 바쁘게 움직인다.

녹남봉은 커다란 무덤 정도의 크기다. 과거에 녹나무로 덮였었다는 자그만 언덕은 멀리서 보면 기생충에 시달려 털이 빠진 개 같다. 물론 숲에 들어가면 그늘로, 향기로, 거기서 보는 풍경으로 천국 같다. 제주도 평지에 솟은 여느 언덕은 다 그렇다. 이렇게 앙증맞은 언덕도 화산이었으니 완만한 비탈로 된 분화구가 있으며 그 분화구를 누가 차지해서 조그만 귤밭도 채소밭도 일구었는데 아직도 색이 검은 흙이 뭐든 잘 자라게 하겠다.

딸이 좋아하는 대숲이 우는소리를 들으며 내려온다. 산경도예는 폐교 같은데 뭐 하는 곳인지 모르겠다. 나지막한 일 층에 칸칸이 교실로 된 건물이며 빛바랜 교정에 훈민정음을 읽고 있는 세종대왕과 칼을 집고 있는 이순신 장군 동상은 여느 초등학교를 보는 거처럼 정겹다. 교무실 앞 커다란 나무까지 영락없는 초등학교다.

신도 바다에 닿기까지는 온통 밭이다. 제주도 농부는 편한가? 들판에서 사람 보기가 가뭄에 콩 나듯 하다. 땅만 갈아엎고 씨만 뿌리면 햇빛과

비가 알아서 농사를 짓나 보다. 어쩌다 본 농부는 출근하는 것처럼, 차를 타고 농장 가운데 있는 창고 앞에 주차하고 창고에 있는 기계를 끄집어내서 땅을 갈고 엎는다. 들판으로 출근했다가 다시 기계를 창고에 넣어두고 퇴근하겠어. 제주도 농법인지 지금의 농촌 모습인지 모르겠다. 그래도 제주도 농법이 다른 데보다 앞선 거 같다.

오늘이 이 봄의 마지막 걸음이다. 남은 올레길은 언제가 될지는 모르지만, 시작했으니, 끝을 내겠지. 아무튼 실컷 누리면서 천천히 간다. 뒤따라오는 시끄러운 두 남자를 앞서 보낸다. 음악을 크게 틀고 시끄럽게 이 길을 걷는 두 사람은 이 길에서 뭘 얻는 걸까? 저네들이랑 같은 취급을 받을까 봐 멀찍이 물러서고 그들이 떠난 한참 후에 다시 길을 간다.

신도 바당올레길로 나온다. 올레길은 땅 아니면 바다다. 바다에 용암으로 둘러싸인 옴폭한 구덩이가 있다. 저걸 도구리라 하는군! 파도에 밀려온 문어나 물고기가 안전하게 숨는 곳이다. 하지만 인간이 쉽게 그들을 잡아먹는 장소이기도 하다. 바다에서 상어의 공격만 피하면 될 줄 알았지만, 물 밖에 인간이 있는 줄은 문어도 물고기도 몰랐던 거지. 그 바닷가에 하멜의 배가 여기서 박살 났다고 비석으로 알려준다. '하멜이 대단한 인간이었어.' 이미 지나온 10코스 용머리해안에도 하멜이 그곳에서 살아나왔다고 요란하게 선전하고 또 가파도에서도 하멜이 어쩌고 했었는데 이 바위엔 하멜이 난파당해서 살아나온 곳이 이곳 신도 앞 바다라고 쓰여있다. 하멜은 지리도 잘 모르고 암초가 있는 바닷가 어디에서 살아남은 것도 다행인데 힘들게 자꾸 물으니 여기저기서 그냥 이쯤 어디라고 했나 보다. 세월이 지나 하멜을 이용하려니까 서로들 자기 앞바다에서 표류하고 부서지고 살아남았다고 주장한다. 정확한 증거가 없으니, 누가 옳은지도 모르지만, 또 그게 사실일 수도 있겠어. 가파도 앞바다에서부터 배가 뒤뚱거리다 표류하고 결국 어디선가 난파당하고 또 파도에 밀려 다른 곳에서 땅으로 기어 올라와 살았다면 다 맞을 수도 있네. 그랬다고 치자.

오늘은 바람이 거세다. 마치 하멜의 배가 뒤뚱거리던 날 같다. 물을 타고 신도 바다의 거친 용암에 부딪히던 바람이 다시 보리밭을 세차게 휘적거린다. 제주도에서 평원에 있는 작은 봉우리들은 늘 그렇다. 특히 수월봉은 소가 뜯어먹거나 버짐이 심하게 번진 머리 같은 봉우리가 거대한 기상관측대를 이고 있어 불쌍하고 버거워 보인다. 물론 나중에 저기에 올라서면 전혀 다른 풍경이 있다는 건 안다. 갈아엎은 밭 사잇길로 걸어 수월봉에 오른다. 해발 77m의 수월봉에 밭길로 걸어가 오르는 건 '식은 죽 먹기'보다 쉽다.

수월봉에서 보는 경치는 기가 찬다. 땅과 이어진 쪽에서 올라갈 땐 몰랐지만 그 보잘것없는 77m가 해안의 수직 절벽이다. 절벽 아래 시퍼런 물도 무섭고 절벽으로 제주도 서쪽 바닷물이 몰려오고 지척에 차귀도가 온몸으로 바다에 맞서고 있는 걸 보노라면 오금이 저리면서도 감탄하게 된다. 바다 쪽에서 보는 수월봉은 우람한 절벽으로 된 요새이다. 이 절벽은 엉알길이라 불리며 2km에 걸쳐 거의 자구내포구까지 이어진다. 절벽은 퇴적층이다. 온갖 종류의 흙과 자갈, 바윗덩어리가 쏟아져 층을 이루었다. 지구의 속도 따지고 보면 별거 없다. 바다에서 폭발하며 쏟아낸 흙과 자갈이 쌓여서 이루어진 퇴적층이 바로 이 엉알길이다. 지구의 속을 향해 그렇게 파 내려가도 결국 나오는 건 흙이며 자갈이란 말이다.

수월봉 아래 엉알길

파도가 하얗게 부서지는 엉알길을 걷는다. 바다에 수직으로 맞서는 절벽이니 비가 스며들어 절벽으로 새어 나와 '녹고의 눈물'이라는 전설이 만들어지고 절벽에 구멍을 내면 작은 배를 숨기기 좋으니 일본놈들이 그냥 두지 않고 굴을 판 흔적도 있다. 우리나라 전설 중에서 슬픈 이야기가 90% 정도 아닐까? 그러려니 하고 지나간다. 오늘따라 파도가 엄청나게 일어난다. 바람이 가장 센 날 차귀도와 그 앞 등대섬에 달려드는 파도는 맹렬하다. 엉알길을 걷는 내게도 하얀 바닷가루를 뿌리지만 기분은 상쾌하다.

당산봉에서 오래 머무른다. 12번 올레가 이번 봄의 마지막 올레다. 분명 다시 오긴 올 텐데 언제 올지는 모른다. 보름에 걸쳐 제주도의 동쪽 끝에서 서쪽 끝까지 왔다. 처음 결심이 어렵지, 막상 하면 별거 아니다. 당산봉에서 바닷바람을 맞으며 제주도 서쪽 해안의 파도를 보며 한참 있게 된다. 당산봉도 수월봉이랑 비슷하게 만들어진 화산섬이며 화산재들이 퇴적하여 절벽이 되었다. 다르다면 수월봉 절벽에선 물이 흘러내려 축축해서 새들이 머무르기가 쉽지 않고 당산봉 절벽은 건조해서 수많은 새가 절벽을 안전한 집으로 삼아 하얀 똥을 싸지르며 살고 있다. 그래서 당산봉 절벽은 새가 사는 절벽이란 뜻으로 '생이기정'이라 불린다.

생이기정 위 능선으로 걸어 내려온다. 내 발아래에 생이기정이 있고 바다에서 오는 강풍을 타고 발아래에서 갈매기들이 날아오른다. 절벽에 사는 새들이 모두 바다로 나왔다. 바람을 타는 연습을 하나 보다. 이 바람에 물고기를 보려고 공중에 오르는 건 아니지 싶다. 바람이 바다에선 거센 물보라를 만들고 하늘에선 새들을 몰아붙인다. 바람에 맞아 비틀거리며 밀렸다가 다시 자세를 잡으며 날아오르는 수많은 새떼도 굉장한 풍경이다.

용수포구에 닿는다. 김대건신부가 1845년 상하이에서 세례를 받고 조선으로 오다가 파도에 밀려 도착한 곳이란다. 제주도에서 난파되기 전에 온 세상을 누볐을 하멜의 배도, 김대건신부를 태운 배도 제주도의 해풍을 당해내진 못했군! 그 폭풍 속에서 살아남은 하멜도 김대건신부도 대단하다. 오늘도 그런 정도의 바람이 분다. 그래도 용수포구에 매달아 놓은 한치는 한 마리도 바닥에 떨어지지 않는다.

당산봉에서 본 차귀도

생이기정 위를 날아오르는 새 떼

2부

두 번째 봄맞이, 북쪽 해안 길

일 년 하고 한 달이 지나서 다시 돌아왔다. 이때쯤에 제주도는 봄의 절정이다. 여전히 코로나가 세상을 덮고 있지만, 사람들 접촉을 피하면서 조심하며 다닌다면 괜찮을 거 같다. 오히려 이런 때는 집안에서 걱정하며 지내기보다는 혼자서 산천에 다니는 게 더 안전하다.

- **13코스** 저지~용수
- **14-1코스** 저지~오설록녹차밭
- **14코스** 저지~한림
- **15코스** 한림~고내
- **16코스** 고내~광령
- **17코스** 광령~간세라운지
- **18코스** 간세라운지~조천만세동산
- **18-1코스** 추자도
- **19코스** 조천만세동산~김녕
- **20코스** 김녕서포구~제주해녀박물관
- **21코스** 제주해녀박물관~종달리

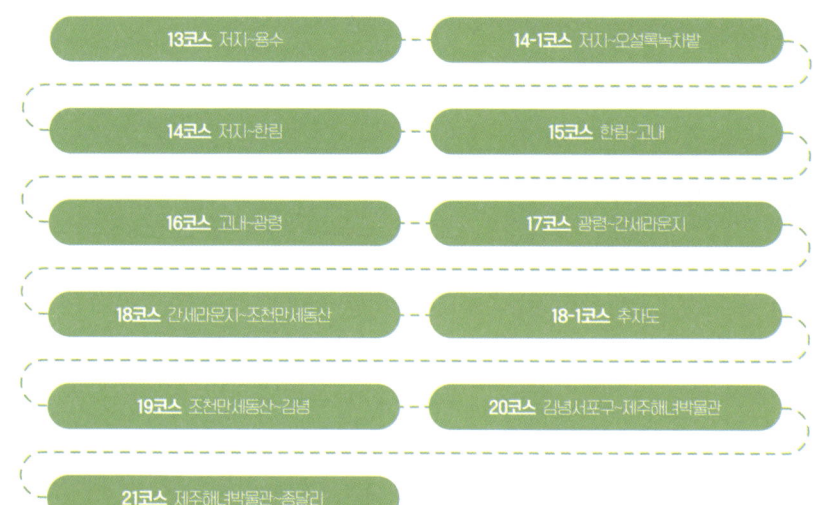

13코스

저지 -------- 용수

일 년을 기다려 다시 찾은 제주의 봄

숙소를 13, 14, 14-1, 세 개의 코스가 만나는 꼭짓점인 저지에 마련했다. 저지에서 출발하면 13코스를 거꾸로 타게 된다. 방향은 사람이 정한 것이며 어차피 이래가나 저래가나 같은 길을 간다. 이번에도 딸이 따라왔다. 딸 외에 내 나이 또래의 울산서 온 이 선생이 있다. 우리 셋이 저지 어느 게스트하우스의 유일한 손님이다. 올레 코스가 세 개나 겹치는 곳이지만 산간오지라 근처에 편의점도 없고 지대가 높아서 산바람이 차갑다.

딸과 우리를 따라오겠다는 이 선생이랑 나선다. 있다없다 하는 딸이지만 그래도 시간이 날 때마다 같이 해줘서 고맙다. 제주의 4월엔 완두 알이 꽤 여물다. 보리도 누르스름해진 것도 있고 비닐 안에 파종한 옥수수가 웃자라서 숨을 헐떡인다. 세상 어디에도 없는 봄이다.

저지오름 길엔 짙은 그늘이 있어 제주도 봄의 뜨거운 햇살을 피할 수 있다. 원래 띠밭이었던 오름에 나무를 심어서 이렇게 울창해졌단다. 경치로는 띠밭이 최곤데….

제주도가 이렇게 넓은 줄 몰랐다. 저지에서 바라보는 제주도의 남서쪽엔 거의 평지랑 비슷한 구릉이 있으며 거기에 온갖 들판과 비닐하우스들이 들어찼다. 동쪽 한라산 쪽으로도 느린 구릉이지만 거긴 밭이 적다. 아마도 넝쿨로 얽힌 곶자왈이겠지! 작년에 걸었던 10코스부터 12코스까지의 해안이 다 드러난다. 백록담은 서쪽으로도 수많은 오름을 거느린다. 고등학교 동창이라는 제주도 토박이인 네 명의 남자가 다투어 설명해 준다. "추자도 올레 시 하추자에선 북경반점에 가야 한다. 거기서 못 먹으면 굶게 된다. 올레길 인기도 순위 1번은 어디고 5번은 어디다. 저지오름 분화구엔 꼭 가봐야 한다."

내려온다. 고목 숲길, 닥나무밭, 멧돼지가 뒤집은 길, 고사리 숲을 지난다. 하얀 보리수꽃이 향기롭다. 제주도엔 2가지 보리수가 있다. 해안가 봄에 익는 알이 굵은 보리수와 육지 거처럼 알이 작고 봄에 꽃이 피고 여름에 익는 보리수다. 지금 향기를 뿜는 것은 알이 작은 보리수다. 진한 향기를 맡은 딸이 그런다. "나 어린 시절부터 뇌리에 박힌 향기인데 그게 무엇인지 늘 궁금했는데 바로 그게 보리수꽃 냄새야." 좋게 추억하지만,

너무 막연하고 절대로 알 수 없었던 그 향기, 바로 딸의 인생 냄새를 찾아준 것만으로도 오늘 큰일을 해냈다.

최고의 여행 동반자, 딸이랑 다시

작년에도 무가 버려졌더니 올해도 무밭을 갈아엎었고 내버려둔 양배추가 노란 꽃을 피운다. 연속으로 이태 동안 농사로 재미를 못 보나 보다. 코로나 때문인가? 코로나도 사람한테나 코로나지 길가의 찔레나 딸기 넝쿨은 무성하게 뻗어간다. 용선달리 마을 앞 쌍둥이 팽나무 그늘에서 쉰다. '낙천아홉굿 의자마을'이라는 글씨가 연못에 떠 있는 의자에 쓰여있다. 굿이 샘이란 뜻이란다. 구멍난 돌 땅으로 된 제주도에서 아홉 개의 연못을 가진 마을이면 낙천이든 낙원이든 맞는 말이다. 가축에게도 먹이고 논농사도 지을 수 있으니, 제주도에선 최고의 마을이다. 그 낙원

마을에서 쉬어가라는 뜻인지 연못에도 뜰에도 의자가 천 개나 있다. 잠깐만 쉰다.

고사리숲길, 특전사숲길 등등을 지나지만, 숲을 지난 거 같지는 않다. 고사리보다 양배추꽃이 만발하고 수확한 양파가 널브러진 밭을 지나고 후박나무가 새순을 내미는 길을 지난다. 농부도 보인다. 마늘밭에서 넓은 챙 모자를 쓰고 마늘종을 뽑고 있다. 제주도에서 밭에 있는 농부 보기도 오랜만이다. 이제껏 한국인 농부보다 무를 수확하는 중국 인부들을 더 많이 본 거 같다. 마을이 깨끗하게 예쁜 용수마을에 닿는다. 길가 돌담 아래 노란 꽃들이 어떻게 그렇게 잘 자라고 그렇게 이쁜 꽃을 피우는지!

용수포구엔 절부암이 있다. 조선시대에 실제로 어떤 여인이 배를 타고 나간 남편을 기다리다가 자결했던 자리란다. 절개를 지킨 열부를 기리는 바위란다. 다 옛날 일이지만 역설적으로 옛날에도 남편이 요절하면 절개를 지키던 사람이 많지 않지 않았을까? 그러니까 저런 바위나 비석을 세워서 교훈을 주려 했겠지. 그게 일상 있는 일이었다면 적어도 대한민국 온 마을에 절부암이나 열녀비가 백 개는 있어야 하지 않을까?

40리가 넘는 길을 삼만 보 이상 걸으면서 아빠랑 같이해준 딸이 고맙다. 차귀도가 빤히 보이는 어느 카페에서 나란히 앉아 일몰을 본다. 작년 봄에 대평리에서도 딸이랑 일몰을 보며 코스를 마무리한 거 같은데 오늘도 그렇게 한다.

용수포구에서 하루를 마무리한다.

14-1코스

저지 ---------------- 오설록녹차밭

장끼도 사슴도 좋아하는 올레길

어제 많이 걷고 늦잠 자는 딸은 쉬게 하고 아침 일찍 나선다. 제주도의 4월 중순은 덥다. 차갑고 조용할 때 저지마을까지 걸어서 어저께 봐뒀던 김밥집에서 아침 먹고 슬슬 가보련다.

이른 아침 장닭이 울고 다가감에 놀란 장끼가 푸덕이고 엉덩이가 하얀 사슴 가족이 길에서 놀다가 놀라서 숲으로 달아난다. 장끼도 사슴도 사람들이 만든 길이 좋은가 보다. 사람이 없을 때 그 길에 올라와 놀다가 놀라서 후닥닥거린다.

오늘도 어제처럼 한라산이 혹불처럼 올랐다. 한라산 아래 서쪽 들판에서 마늘과 감자가 푸르게 자라고 내버려둔 양배추밭에선 양배추가 죽을 때까지 살아보며 마음껏 꽃을 피운다. 농부는 농부일 뿐이다. 저렇게 값이 떨어져서 수확을 못 해도 달리 생각을 못 하고 땅을 갈아엎고 밑거름을 뿌려 냄새나는 밭에 다시 씨앗을 뿌릴 준비를 해두었다.

제주도의 서쪽은 바람이 더 많이 부나 보다. 능선에 발전용 바람개비들이 많고 보리밭에 바람 자국도 더 많다. 길 가운데 있는 팽나무를 중심으로 로터리가 있는 곳이 저지곶자왈의 입구다. 한라산의 서쪽 비탈에 거친 돌밭과 우거진 넝쿨로 나물이나 약초를 구하는 사람이나 오던 곳이다. 올레 때문에 여기를 가로지르는 길이 나지 않았을까 추측한다.

완전한 야생은 아니다. 폭낭쉼터 입구를 지난 지 15분도 안 되어 문도지오름이 나온다. 그 작은 오름 밑엔 풀밭이 펼쳐지고 여러 칸으로 된 마구간도 있다. 마침, 고삐도 없는 거대한 어미 말 두 마리가 각각의 새끼를 핥아주고 있다. 바람개비가 돌아가는 산등성이 푸른 목장에서 호젓하면서도 혼자 보기엔 아까운 풍경이다. 문도지오름도 짧은 풀밭이다. 실지로 그 오름에 비썩 마른 말 한 마리가 짧은 풀을 뜯어 먹고 있다. 아니 왜 길고 영양가 넘치는 풀이 있는데 왜 저 말은 1cm도 안 되는 풀을 뜯고 있는지? 이 넓은 풀밭을 혼자 차지하고도 왜 저렇게 야위었는지? 사유하는 말일까? 사실 그런 영혼을 가진 동물을 본 적이 있다. 안데스산맥의 해발 5,000m가 넘는 위치에서 풀 한 포기 나지 않는 황무지를 건너 한참을 걸어와 빙하가 녹아 생긴 호수를 멀거니 바라보던 소를 본 적이 있다.

아무튼 곶자왈이긴 하지만 여기까진 사람 손을 많이 탔다. 오름에 나무가 거의 없고 풀밭인 게 그 증거다. 그 덕에 풍경은 어떤 오름에 비교해도 뒤지지 않는다. 특히 한라산 쪽으로 깔린 인공물 하나 없는 곶자왈이 절대적으로 우월하다.

문도지오름 주변의 곶자왈과 멀리 한라산 능선

그다음부터는 진짜 곶자왈로 들어간다. 숲과 넝쿨이 우거지고 숲 향기가 넘치는 곳이다. 대낮에도 어두컴컴하며 오후 2시 이후에는 입장 금지라는 팻말이 있다. 어두컴컴하고 안전한 그 어디서 새들이 마음 놓고 지껄인다. 여기가 제주도의 갈라파고스 같다. 파란 리본을 늘 주시하며 가지만 잠깐 한눈을 팔면서 길을 잃어버린다. 하지만 곧 근방에서 리본을 찾아낸다. 이번엔 조심하며 그 리본을 따라가지만 한참을 지나서 내가 닿은 곳은 바로 1시간 전에 출발한 곳이다. 허탈하다. 이래서 오후 2시 이후엔 오지 말라는 거였어. 낮에도 컴컴한데 한 번만 길을 놓치면 캄캄한 밤에 숲에 갇히게 되고 올레 표지가 있어도 그걸 잘못 보면 숲속을 계속 빙빙 돌게 된다.

곶자왈에서 헤매는 와중에 나보다 늦게 출발해서 나를 따라잡은 남자가 있었다. 눈썰미가 없는 내가 '어디서 뵌 분 같다.' 했더니 본인은 날 모르는 사람이란다. 내겐 지난밤 같은 방에서 잔 이 선배 같지만, 본인이 아니라고 하니 머쓱해하며 인정한다. 워낙 내가 사람을 못 알아보고 실수를 많이 해서다. 나중에 나보다 늦게 출발해서 오설록 녹차밭에 먼저 도착한 이 선배가 내게 전화해서 어디 있느냐고 한다. 이 양반이 나를 스쳐 지나간 거야. 하긴 본인도 내가 숲에서 헤맬 거라고 상상도 못 했으니 그럴 만도 하지만 나보다 눈썰미가 더 없는 양반을 보기도 처음이다. 한 번 혼이 났으니, 이번엔 올레 리본을 꼼꼼히 살핀다. 그렇게 차분히 가다

보면 시야가 터지고 여린 찻잎이 삐져나오는 오설록 녹차밭이다.

  문도지오름에서 한참 놀고 곶자왈에서 헤매고 녹차밭에서 이 선배랑 오랜 시간을 보냈어도 코스가 짧고 또 이른 아침부터 시작했으니 충분히 여유가 있다. 내일 떠나는 딸을 위해 딸이 찾아두었다는 스테이크집에서 저녁 시간을 보낸다. 작년과 올해 한 번씩은 같이 와서 걸어주었으니, 감사의 식사를 대접한다.

14코스

저지 ---------- 한림

이곳 옛 선조는 국어의 천재였어!

이슬 내린 들판을 걸어 나온다. 공항으로 떠나는 딸을 정류장까지 배웅한다. 나의 딸이자 나의 애증의 대상이며, 내 인생에서 최고의 여행 동반자. 배낭을 메고 긴 세월 온갖 세상을 떠돌면서 저놈을 지켜냈다는 것이 기적 같다.

저지마을 출발점으로 온다. 세 번째이니 인적 없고 유명하지도 않은 이곳에, 올레 시작이나 끝점 중에 가장 많이 오게 된다. 높은 산자락에서 다시 바다로 나가는 길이다. 꽃을 피우는 양배추밭, 돌담 위로 듬성거리며 바람을 막아주는 삼나무 울타리 안에서 귤나무 새순이 돋고 새 꽃이 핀다. 버림받은 무가 방귀 냄새를 풍기며 거름이 되고 있다.

값이 나가지 않아 수확하지 않은 양배추가 꽃대를 올린다.

덤불과 잡초, 볼록한 돌들이 섞인 길을 큰소낭숲길, 굴렁진숲길, 오시록한 농로 등으로 이름 지었다. 제주 사람이 아니면 저런 단어를 떠올리지 못한다. 그런 이름 때문에 바닥이 고르지 못하고 풀이 길을 침범하고 못생긴 덤불이 엉킨 길도 좋은 맘으로 가게 된다.

그 길 어디에선가 멈춘다. 눈도 가렵고 목도 가렵고 겨드랑이도 그렇다. 벌레 한 마리가 내 배낭에 있다가 내가 멈추니 달아나고 있다. 어쩐지! 아까 굴렁진숲길에서 자신이 뿜어낸 가는 줄을 타고 나무로 오르던 벌레를 봤어. 그냥 지나쳤는데 이놈이 나무에 오르길 포기하고 내 몸에 올라탔군! 그냥 탄 게 아니다. 내 온몸에 독 털을 비벼댔군! 무임승차까지 하면서? 사형을 집행했다.

굴렁진 길의 이름은 이쁘다. 하지만 정말 굴렁지다. 오시록한 농로도 마찬가지다. 길에 깔린 뾰족한 돌의 공격을 받은 발바닥에 물집도 잡히고 처형당한 벌레가 남긴 가려움으로 고통받는다. 풀밭에서 양말을 벗고 발을 쉬게 한다. 이때쯤 제주도 올레길에는 굵은 보리수가 다 떨어졌다. 대신 굵고 즙이 많은 찔레순이 지천이다. 길바닥에 찔레 껍질이 나뒹군다면 100% 내가 그런 거다. 부드럽고 찝찔하고 달콤한 찔레순을 꺾어 먹는다. 뾰족한 가시가 무섭지만 이미 어릴 적부터 요령을 익힌 내겐 별거 아니다. 그렇게 무서운 가시라도 껍질에 붙어 있기 때문에, 껍질을 한 번에 죽 벗겨내면 가시도 딸려 나갈 수밖에 없다. 찔레를 꺾으며 오시록하고 굴렁지고 큰소낭이 있고 갯무꽃이 피고 뾰족한 돌이 찌르는 길을 걸어낸다.

무명천이다. 시멘트로 발라버린 건천이다. 멋대가리가 없지만, 그것도 세월에 삭히면 담쟁이덩굴이 기어오르고 시멘트 틈을 헤집고 풀이 뿌리를 내리고 꽃을 피운다. 무명천은 월령포구로 이어진다. 잡풀이 우거지고 찔레가 굵고, 노란 들꽃이 땅에 달라붙은 그 길을 따라간다. 길가 동그랗게 납작한 선인장에 사람 얼굴을 새겼다. 월령리로 오는 걸 반기는 모습이다.

월령리 마을이다. 까만 돌담 위로 아래로 노란 꽃이 지천으로 핀다. 그렇게 이쁜 꽃을 심고 꽃에 둘러싸여 살면서도 저 꽃 이름이 뭐냐고 물으면 할미들은 "나도 몰러, 그냥 노란 꽃이야." 하신다. 태양국이다.

월령리 바닷가에 닿자마자 커피에 굶주린 내가 찻집부터 찾는다. 그러나 주인이 "여긴 백년초로 유명한 곳이며 그 열매를 짠 주스가 유명하다."라고 한다. 주스랑 커피를 시킨다. 대신 차례대로 달라고 한다. 백년초 주스랑 커피를 마시며 바닷가 카페에서 한참을 머무른다.

월령리 해변에는 백년초라는 선인장이 혹불 같은 열매를 달고 늘어서 있다. 멕시코쯤에서 해류를 따라 헤엄쳐 이곳까지 와서 메마른 현무암에 뿌리를 내리고 백년초라는 이름을 얻으면서 한국화되었다. 선인장이 자라는 검은 해변은 아름답다. 그러니까 멕시코에서 여기까지 온 거군! 올레길엔 사람이 없어도 여긴 붐빈다.

월령리 선인장 군락

바닷가 돌길을 따라간다. 해녀들의 부표가 무수히 떠 있다. 돌밭엔 해녀콩 서식지라는 팻말이 있다. 독이 있는 저 콩을 먹으며 해녀들이 낙태하곤 했단다. 저 콩깍지도 열대의 바다를 떠돌다 이곳으로 와서 정착했단다. 그렇다면 월령리는 열대에서 오는 해류랑 연결되어 있군. 백년초며 해녀콩이 해류를 타고 오고 해녀가 많은 것도 해류를 타고 온 영양분을 먹고 자라는 해산물이 많은가 보다.

서쪽 바다에서 비양도가 솟아난다. 사람이 사는 듯하다. 저게 제주도 서쪽에 있는 마지막 섬이다. 돌길이 끝나고 모래밭이 나온다. 금능해수욕장이다. 비양도를 앞에 두고 한라산을 뒤에 둔 넓은 모래밭으로 해수욕객에게는 가장 적합한 곳이다. 걷는 나에겐 돌길이 모랫길보다 더 쉽다. 금능해수욕장에서 키가 하늘을 찌르는 야자수 언덕을 지나 수백여 미터만 가면 협재해수욕장이다. 내 판단이 정확하군! 보라고 저 야자수 군락을, 마치 제주도를 열대의 여느 섬처럼 보이게 하는 저 멋진 나무들을. 열대의 코코넛이 해류를 따라온 거야. 그리고 마침내 금능해수욕장에 자리를 잡은 거지.

협재해수욕장엔 파래가 낀 현무암과 모래가 반이다. 놀기엔 금능해수욕장이 더 좋고, 구경하기엔 협재가 더 좋은 듯하다. 두 해수욕장 사이 거리가 불과 몇백여 미터일 테니 두 곳에서 놀면 되겠다. 용포리에서 한림읍으로 간다. 마침, 길바닥에 샛노란 태양국이 샛노랗게 깔렸다. 생명력이 질경이 정도는 되나 보다. 길가 잡초들 사이에서 저렇게 많이, 싱싱하게 꽃을 피우다니, 제주도 할머니들이 그냥 노란 꽃으로 부르던 꽃이 산뜻하게 이어진다. 꽃길을 따라가면 한림항이다. 길에서 올레객을 한 번도 본 적 없었는데 비양도로 가는 선착장 옆구리 파란 통 옆에서 어느 남녀가 수첩에 14번 올레길을 걸었다는 확인 도장을 찍고 있다.

용포리에서 한림읍으로 가는 길바닥에 샛노란 태양국

15코스

[한림] - - - - - - - - - [고내]

남읍초등학교 아이들 모두가 시인이야

여긴 A, B 코스가 있다. 두 코스가 수원리복지회관 앞에서 갈라져 A 코스는 산간과 들판을 지나는 길이며 B 코스는 해안 길이다. 두 코스는 사뭇 갈라졌다가 종점인 고내포구에서 만난다. 올레라고 지정된 모든 길을 가보기로 했으니 두 개 코스 다 가는 것도 당연하다.

한림항 방파제에 쪽파가 붙어 있다. 쪽파는 돈이 되나 보다. 올해 양배추도 무도 버려지던데….

감당이 안 될 정도로 센 바람이 오면 쪽파처럼 땅에 납작 엎드리면 된다. 알아두자.

바닷가를 따라 1km 정도 가서 대수포구쯤에서 내륙으로 방향을 틀면 곧 수원리다. 천사의 날개가 그려진 거기가 두 코스의 분기점이다. 날개

속에 들어가 사진을 찍으면 난 천사의 모습으로 인화되겠지만 나를 찍어 줄 사람은 없다.

육지로 보내질 육묘용 쪽파

수원리엔 유난히 정자나무가 많다. 곳곳에 고목이 드리운 그늘이 있어 쉬어가기 좋다. 수원리사무소 앞엔 공덕비가 줄 서 있다. 이렇게 훌륭한 관리가 많았다고? 께름직하다. 중앙정부의 힘이 미치지 못하는 고립된 지역엔 유난히 더 많은 듯했어. 수원리 들판엔 옥수수 천지다. 양배추로도 콜라비 농사로도 재미를 못 본 농부들이 새로운 시도를 하나 보다.

귀덕리엔 제비가 많다. 들판에서 날렵하게 들까부는 게 꼭 제비같이 생겼다. 귀덕리엔 바람도 심하다. 제주도 서쪽 벌판인 귀덕리를 '바람의

신'인 영등할망이 첫발을 들이는 곳이란다. 그래서 그런가? 밭담이 다른 데보다 낮아 보인다.

수원리 동사무소 앞에 있는 공덕비

농로와 건천을 따라 찔레순을 질겅거리며 간다. 물이 귀한 들판에서 선운정사라는 절에서 목을 축이고 다시 떠난다. 버들못 농로를 따라가면 저기 앞에 남녀가 쌍쌍으로 왔는데 한 여자가 뒤처져 들꽃을 찍고 있다가 나에게 따라잡힌다. 사람 귀한 이곳에서 반갑다. 혼자 들꽃을 찍고 있던 그녀가 조용히 지나가는 나를 보곤 깜짝 놀라서 소리까지 지른다. 그녀의 소리에 나도 놀라서 섬뜩했다. 반가운 마음이 싹 없어지고 불쾌하기까지 하다. '저런 정신머리로 뭐 할라고 올레까지 와서 사람을 기분 나쁘게 하는지!' 금산공원까지는 밭길이다. 보기 드문 농부 부부가 비닐에 닿아 뜨거워진 옥수수를 비닐에 칼집을 내며 구해주고 있다. '무슨 생각으로 옥수수가 저렇게 자라도록 비닐 속에 가둬 두었을까?'

난대림으로 우거진 금산공원에 닿는다. 공원 큰 나무 아래 널빤지로 앉을 곳이 마련돼 있다. 나무 난간엔 남읍초등학교 학생들의 시가 쫙 걸려있다. 초등학생답게 순수함이 묻어난다. 이 공원 자락에 있는 남읍초등학교는 지금껏 본 초등학교 중에 가장 좋은 학교다. 난대림 숲 자락 깨끗한 공기와 고즈넉한 풍경 속에서 자라는 아이들의 시가 어찌 숲을 닮지 않겠는가?

   난대숲을 한 바퀴 돌았는데 제자리로 돌아온다. 다릿심이 쭉 빠진다. 분명히 올레 리본을 잘 따라 걸었는데 그제의 실수를 반복하다니…. 아니다. 여기선 올레길이 난대림 숲을 한 바퀴 돌고 남읍초등학교 담벼락을 따라가게 되어있다.

백일홍길, 도새기길을 따라 고내포구로 간다. 포구까지 마지막 길은 배염골 올레다. 양쪽 밭담 사이 아주 좁은 길, 풀이 무성하며 뱀이 몸을 숨기는 길, 두 사람이 마주 오면 접촉을 피할 수 없는 습지에 난 길이다. 4월 하순에, 돌담에 무성한 송악넝쿨, 샛노랗게 몇 가닥의 꽃을 피우며 초록 꼬투리를 달고 있는 유채, 무성한 풀로 좁은 길이 더 좁아져 있지만, 이 코스에서 가장 올레 같은 올레길이다. 400m의 꼬부라지는 짧은 길이, 이 코스를 생각하면 아련하게 가장 먼저 떠오른다. 아마도 그 길의 끝에 종점인 고내포구가 있어서 이제 끝났다는 생각으로 더 그 길이 좋았는지도 모른다.

사흘 연속으로 20km 이상 걸었다. 고내포구에서 어제처럼 발을 담근다. 거친 파도가 거친 현무암 앞에서 무너진다. 현무암이 지켜주는 물에 발을 담그고 열을 내린다.

숙소를 제주시로 옮겼다. 방엔 청년들로 북적거린다. 인사만 하고 가만히 있는다. 신기한 어른인 내게 그네들이 먼저 다가온다. 신선하고 착하고 예의 바른 청년들이다. 중간시험이 끝나고 온 새내기대학생 두 명, 대학을 막 졸업했다는 청년, 취업을 자축하기 위해 찾아온 청년, 풋풋한 젊은이들을 보니 기분이 좋아진다. 그러나 자고 일어나니 그중의 몇 명은 이미 사라졌다.

아주 좁은 배염골 올레

　A, B 코스의 갈림길인 수원리복지회관에 다시 선다. 이른 아침, 바람 부는 벌판에서 혼자서 흔들린다. B 코스를 탄다. 맞바람을 맞으며 해안 쪽으로 가면 휘청거린다. 그래도 해안가 아스팔트에 붙어 있는 쪽파는 끄떡도 없다.

　여기가 귀덕리다. 영등할망이 서북풍을 몰고 제주도에 들어오는 자리다. 절기로는 그녀가 이미 휩쓸고 가고도 충분한 시간이 지났지만, 그녀를 뒤따르는 바람이 지금도 여전하다. 출렁이는 바다에 파래가 몰려다니며 자신을 동강 내며, 할망이 원하는 대로 바다에 씨앗을 뿌리고 있다. 그 바다 언저리엔 할망의 동상이 있다.

바다로 흘러드는 금성천이 한림과 애월의 경계이다. 아치 모양으로 최근에 만들어진 실크브릿지라는 다리 위로 올레길이 있다. 아마도 이 다리가 생기기 전엔 우회하는 올레길이 있지 않았을까? 오늘은 하루 종일 바다를 보면서 걷는다. 농도가 다른 파란 물이 끊임없이 밀려와서 검은 바위에 부딪히며 애원하는 듯하다. 곽지해변은 새하얀 모래다. 검은 현무암 해변에 새하얀 모래밭이라면 저 모래는 파도에 실려 왔던가 산호나 조개가 죽어서 닳은 것이던가 어쩌면 현무암 껍데기가 파도에 벗겨지면서 하얀 알갱이가 쏟아진 것일 수도 있다.

곽지해변에 바로 한담해안 산책로가 이어진다. 새하얀 모래밭에서 험준하고 새까만 바위로 된 벼랑길이 바로 이어진다. '왜 이웃해 있으면서 한 부분은 하얀 백사장이며 한 부분은 까맣고 날카로운 화산암으로 된 암벽인지, 저 하얀 모래는 어디서 왔는지?' 나로선 알 길이 없다.

애월항도 지난다. 어떤 바람이 불었는지 애월항 안쪽 애월교도 지나서 안쪽에 있는 내항에서 배가 뒤집혔다. 해양경찰이 잠수복을 입고 물속에 들어가 기중기에서 나온 강철선을 배에 연결하려고 한다. 영등할망이라 했나? 그녀가 제주도 서쪽 바다며 땅을 다 뒤죽박죽으로 뒤집어 새로운 생명을 창출한다 했지. 고내포구에 닿는다. 거기서도 어느 노파가 바람이 뒤집어 놓은 해안에서 파란 해초들을 거두어 쉽게 저녁거리를 해결하고 있다.

B 코스는 일찍 끝났다. 숙소에 돌아오니 새내기대학생 둘은 떠나고 제주도 일주를 하려고 왔던 청년도 자전거 사고로 더는 못하고 내일 일찍 떠나겠단다. 대신 입대하기 전에 제주도를 보고 가겠다는 정군이 새로 왔다. 모두 예의 바르고 싹싹하고 내가 말을 걸지 않아도 본인들이 이야기하고 내게 질문하고 한다. '요즘 젊은것들은 싸가지'라고 말하는 노인들이 문제야.

영등할망이 서북풍을 몰고 제주도에 들어오는 자리인 귀덕리에 있는 영등할망 조각상

한담해안 산책로

영등할망이 뒤집어 놓은 갯가에서 찬거리를 찾는 할머니

16코스

| 고내 | -------- | 광령 |

삼별초의 함성이 들리는
항파두리 토성

곤히 자고 있는 청년을 굳이 깨워서 작별을 속삭이고 일찍 나온다. 맘에 드는 젊은 친구지만 그저 잠깐일 뿐 새날이 열리면 서로의 길을 가야 한다.

영등할망도 이른 아침엔 자나 보다. 할망을 따라 바람이 자고 고내포구에 다가오는 파도도 할망을 깨우지 않으려고 속삭이듯 찰싹거린다. 고내포구에서 구엄포구까지 두 시간에 걸쳐 쉬엄쉬엄 간다. 이 길은 마그마가 급하게 굳으면서 검고 거친 절벽이 되었으며 거북등 모양으로 굳은 바위를 바닷물이 안 되는 줄 알면서도 와서 부딪혀본다. 그냥 부딪혀서 하얗게 되고 싶은가 보다. 용암이 온갖 모양으로 굳은 절벽에 푸른 바닷물이 다가오는 장면이 거의 구엄포구까지 이어진다. 간간이 절벽의 비탈

좁은 터에서 낚시하는 사람들을 보면 내가 조마조마하다. 멀리서 그렇지 막상 가보면 꽤 넓은 터일 것이다.

구엄포구 근처에서 낚시하는 사람들의 어망을 들여다본다. 길쭉하게 눈이 튀어나온 물고기가 버둥거린다. 뱅어란다. 불쌍하다. 이 시절 애월 바다에서 좋아하는 걸 할 수 있는 너도나도 신선들이긴 하다만….

애월해안로

애월해안로

　구엄포구에선 용암이 천천히 흘러서 편평한 바닥으로 된 암반이 되었다. 소꿉장난하듯 그 편평한 바위에 진흙 둑을 쌓고 그 안에 바닷물을 가두고 말려서 소금을 얻었다고 한다. '소금빌레'라는 바위에서 돌소금을 얻던 흔적이 남아있다. 바닷가 삶은 힘들었겠어. 내륙이라면 농사만 짓고 농한기도 있는데 농사는 농사대로 짓고 고기 잡고 소라 건지고, 소금 만들고 해초 뜯고 그래서 제주도에서 "여자로 태어나느니 소로 태어나는 게 낫다."라는 말이 있었군!

구엄포구 소금빌레

바다를 떠난다. 큰 무덤 정도 크기밖에 안 되는 수산봉으로 간다. 옆구리엔 난대림이 울창하지만, 정상은 스트레스받은 대머리처럼 볼품없다. 하지만 제주의 모든 오름이 그렇듯이 막상 들어가면 숲은 울창하고 경관은 훌륭하다. 수산봉 옆구리 숲이 만들어주는 바람은 시원하고 그늘은 짙고 향기는 진동한다. 수산봉 주변엔 아담한 돌에 새긴 시가 많다. 기가 막힌 표현들이다. 모두 이 동네 분들이 쓴 씨는 아니겠지? 어제 금산공원에 날리던 남읍초등학생들 시도 좋았어.

내려오면 수산저수지다. 주변에 아무것도 없는 고요하고 고즈넉한 저수지다. 저수지에서 올려다보는 한라산은 액자에 넣은 그림 같다. 한라산까지 시선에 아무 가림이 없어 넓은 한라산이 고스란히 보인다. 저수지 근처 큰 소나무에 매어진 그네엔 젊고 나이 든 여자들이 찾아와 깔깔거리고, 돌담으로 된 밭자리 옆 무덤엔 남자 어른들이 수십 명이 모여 두건을 쓰거나 새마을 모자를 쓰고 어떤 의식을 한다. 그중 차려입은 할아버지 한 분이 내게 뭐라고 말하는데 그 말이 제주도 사투린지, 그가 치매 환자인지 구별이 안 된다. 계속 혼자 중얼거리는 그분에게 아무도 신경을 안 쓰는 걸로 보아 후자 쪽인듯하다.

아까 어떤 바위에 새겨진 시에서 "나무는 죽을 때 슬픈 쪽으로 쓰러지고 새들도 마지막엔 땅으로 내려온다."라고 되어있었다. 왠지 무덤 주위에 모인 분들이 예사롭지 않다. 무덤 앞에 옛날 모습으로 서서 내가 알지 못하는 언어를 쓰는 그분들이 언젠가 무덤의 주인과 친한 쪽으로 주저앉을 거 같다.

수산리 농로에 있는 시비

　수산리의 다른 말이 물메다. 메에 물이 있다는 말인지 물 곁에 메가 있다는 말일까? 어쨌든 수산봉 옆에 수산저수지가 있는 걸 가리킨다. 저수지를 둘러싼 밭담 길 일부를 지난다. 나지막한 돌담 사이사이에 시가 적힌 넓적돌이 박혀있다. 시골 마을에 시가 있어? 아무나 읽어도 쉬운 시들이 옥수수밭 담장에 묻혀서 사람을 읽어본다. 건천인 수산천엔 풀이 무성하다. 방향감각이 없는 나는 저 개천이 저수지에 물을 가져다주는 건지, 저수지 물의 출구인지 모르지만, 건천이면 전자이겠어.

예원동 복지회관 앞에서 쉬고 있는 할머니들

무인 판매대

예원동 복지회관 앞 풍나무 두 그루 아래 "저기 아방구 어쩌고" 하면서 험담 비슷한 말을 하는 할머니 셋의 대화를 엿들었으나 해석이 안 돼서 흘려든다. 올레길 인기가 없다. 그렇게 천천히 걷고 오래 쉬어도 마주 오는 사람도 드물다. 이리 좋은 걸, 걷는 사람이 적어 희소성이 있는 거라면 나야 좋지. 사람 보기 드문 거기에 바다가 보이는 산 능선 어디에 무인카페가 있으며 천혜향을 한 망에 3,000원에 팔고 있다. 두 봉지를 사고 폰으로 즉석에서 송금한다. 너무 좋은 세상이야! 머리 좋은 사람들은 정치보다는 과학을 하는 게 좋겠다. 좋은 머리를 상대에게 어떻게 면박을 줄까 궁리하는 데 쓰기보단 발명하고 발견하고 짓고 쌓는 데 쓰면 다들 좋아할 텐데.

항파두리 토성이 나온다. 돌이 천지인 이 땅에 토성이라니? 흙은 어디서 나왔으며 누가 왜 했을까? 지금까지 여러 환해장성에서 언급되었던 삼별초, 몽골군에게 쫓기고 동포에게도 버림받았던 외로운 군인들, 끝내 그들을 거부하는 환해장성을 뚫고 제주도에 들어와 항파두리 토성을 짓고 끝까지 몽골과 관군에게 항쟁하다가 스러져갔던 그들이 근거하던 곳이란다. 가슴이 뭉클하다. 제주도 곳곳에 있는 삼별초의 흔적, 외로운 싸움, 누가 지은 시일까? 토성 안 어느 움막에 시구가 적혀있다.

"더는 물러설 곳 없는 제주
두려움과 희망은

늘 바다 넘어서 밀려왔다.
1271년"

"그날 하늘은 파랗고 땅은 붉었다.
그리고 자당화는 고왔다.
1273년 4월"

 1273년 4월 어느 날 무명의 용사들이 패자가 되어 스러졌다. 그들이 스러진 비탈에 취나물이 무성하다. 토성 안쪽엔 이삭 팬 보리가 바람에 심하게 일렁인다. 지금도 4월이지. 자당화도 피었는지 모르지만, 보리가 일렁이는 날 삼별초 모두가 그렇게 사라졌군!
 토성 뒤 둔덕에 앉아 알싸한 바닷바람을 맞으며 애월바다를 한참 바라보았다. 삼별초 어느 병사가 애월바다를 가득 메우며 들이닥치는 토벌군을 담담하게 보았겠어.

 토담을 따라 일렁이는 보리밭 사이를 지나 그렇게 가면 광령초등학교 운동장에 새파란 천연 잔디가 깔려있으며 아이들이 공을 차며 놀고 있다. 도시의 아이들은 꿈도 못 꿀 호사다. 제주도 초등학교는 자연 친화적 시설로는 최고다. 광령1리 사무소 앞에 멈춘다. 오늘 코스가 끝난다. 전

반부에 바다를 보면서 즐거웠던 마음이 칠팔백 년 전에 항파두리 토성에서 싸움 끝에 스러져간 생명들이 생각나서 묵직해진다.

삼별초들이 마지막으로 저항했던 항파두리 토성

17코스

광령 ---------- 간세라운지

왜 파도와 맞서는 바위는 거칠고, 계곡의 바위는 맨질맨질한가?

숙소에 며칠 머무는데 그 정도면 장기 투숙자다. 하루가 다르게 사람들이 바뀐다. 입대를 앞두고 홀로 왔다던 청년도 아침에 코를 골며 자고 있었는데 저녁에 돌아오니 없다. 짠하다. 수십 년 전, 내가 입대하기 전에 내가 지켜야 할 나라가 어떤 나라인지 알고 싶어 남해안을 돌아본 적이 있다. 그때 생각이 나서 밥을 먹든, 소주 한잔을 하든, 같이 하고 싶었는데 이미 떠났다. 같은 방에 또 다른 세 명이 들어왔다. 한 명은 혼자고 두 명은 직장 일로 출장 온 거란다. 더 깊은 건 물어보지 말자. 어차피 내 일이면 못 볼 사람들이다.

아침에 17코스 올레를 시작하는 사람들이 꽤 된다. 모두 일찍 와서 올레수첩에 도장 찍고 간다. 오늘 올레길의 끝에 숙소가 있는 나는 느긋하다. 올레 표지석 옆 둥근 돌덩이에 앉아 쉬다가 모두들 떠나고 한참 지나서야 시작한다.

무수천이 먼저다. 뭐 제주에 널려있는 어느 건천에 그렇게 이름을 지었나 했는데 그게 아니다. 오히려 물이 늘 있다. 한라산 장구목에서 발원된 계곡이 25km에 걸쳐 외도 앞바다로 이어진다. 그 길을 '무수천트멍길'이라고 부르며 그게 올레길이다. 높은 산에서 발원한 물이 깊은 계곡을 이루며 흐르니 물이 늘 있고 아름다워서 "복잡한 인간사의 근심을 없애준다."라고 해서 무수천이란다.

무수천을 따라가면 계곡이 깊어지고 바위가 맨질해진다. 그렇더라고! 제주도에서 아무리 파도가 세도 해안가 현무암은 거칠었어, 그렇지만 물이 없는 계곡에도 바위는 맨질거렸어. 결국 계곡물이 파도보다 센 거야. 센 파도도 폭류 같은 계곡물엔 상대도 안 된다. 무수천 계곡가엔 찔레순이 무럭무럭 자라고 핀 청보리가 바람에 휘청거리고 바람이 지난 자리엔 바람 자국이 선명하다. 제주도에서 4월 말엔 산딸기도 익고 오디도 붉게 물든다. 뒤돌아보면 나지막하게 퍼진 한라산이 겨우 땅 위에 일어서 언덕 같은 모습으로 지켜보고 있다.

무수천엔 물이 있다. 근심이 없단다.

물길을 따라가면 월대에 닿는다. 여기선 이미 계곡물이 바닷물을 만나는 곳이라 수심이 깊다. 계곡 주변에서 200~300년 이상 멋들어지게 늙은 해송과 팽나무가 계곡 쪽으로 몸을 기울이며 건재한다. 그 물에 비치는 달그림자를 보며 물놀이도 하고, 땅놀이도 하면서 노래하고 시를 짓던 곳이라 월대란다.

바다로 나온다. 월대 아래 바닷가에서 무수천에서 광령천으로 이름이 바뀐 하천을 건너면 외도동에서 내도동으로 들어서게 된다. 다시 거친 현무암에 파도가 달려든다. 파래가 낀 바위에 파도가 세게 부딪힌다. 그래봐야 계곡물만도 못한 것이 소리만 요란하다. '알작지'라는 자갈이 무수히 깔린 해변에서 파도가 자갈쯤은 동그랗게 만들 수 있나 보다. 동그란 자갈을 파고들면서 자갈 부딪히는 소리가 정겹다. 파도가 할 수 있는 건 저 정도다. 메마른 무수천에 어쩌다 흐르는 물이 바위를 갈아 부드럽게 만드는 거에 비하면, 자갈을 가는 것은 애들 장난이다. 어쩌면 알작지의 자갈마저 한라산 계곡을 따라 내려오면서 계곡물이 다듬어서 바다로 보내준 게 아닐까?

노송이 드리운 월대

내도동 방사탑을 지나 해안을 따라가면 바람이 세게 달려든다. 모자를 쓰고 다시 손수건으로 모자를 꽉 매고 간다. 낮게 뜬 비행기가 내 쪽으로 다가온다. 얼마나 낮게 뜨는지 또 얼마나 자주 뜨는지, 조종사가 깜박 졸면 내게 덮칠듯하다. 여기선 바다 구경도 하지만 낮게 다가오는 비행기에서도 눈을 떼지 말고 걸어야 한다. 제주시에 가까워지면서 제주공항에서 오르내리는 비행기가 다 이 길로 다니나 보다.

이호테우 모래밭에서 물에 발을 담그고 모래밭에서 몸을 말린다. 모래밭에 반원형으로 들러붙은 두 개의 돌담은 '이호동 쌍원담'으로 제주에서 가장 큰 원담이란다. 옛 고기잡이 방법으로 물고기들이 밀물 때 들어왔다가 썰물 때 돌담에 막혀 나가지 못하고 잡혔단다. 동네 사람들이 공동으로 일하여 주로 멸치를 잡았단다. 잘만 하면 배 타고 나가지도 않고 안전하고 편하게 물고기 맛을 봤겠어.

이호동 쌍원담으로 제주에서 가장 큰 원담이다.

도두, 섬머리로 간다. 항구에 요트며 어선이 가지런하게 정렬되어 있다. 물이 빠진 곳에 정박한 배들도 가지런하다. 한라산이 고요히 내려다 보는 섬머리항은 참으로 이쁘다. 도두항 옆엔 도두봉이 바짝 붙어 있다. 62m 높이를 봉이라 부르기는 겸연쩍은 언덕에 오르면 한라산 아래 도두동 안쪽에 있는 제주공항 활주로가 드러난다. 코로나로 해외여행이 어려워지며 비행기가 제주도로 몰려와 뜨고 내리고를 메뚜기가 튀는 거처럼 한다. 가장 힘들이지 않게 올라서 한라산과 공항의 활주로, 바다까지 다 볼 수 있는 곳이 도두봉이다. 때마침 도두봉에 터널을 이루면 만개한 돈나무 군락이 꽃향기를 사방으로 퍼뜨린다.

아마도 올레길 중에서 이쪽에서 한라산이 가장 잘 보였나? 바람에 드러눕는 보리밭을 건너 한라산이 길쭉하고 완만하게 누워있는 모습은 여기서 가장 선명하다. 익어가는 보리가 바람을 타고 일렁이고 이미 다 자란 마늘이 수확을 기다리는 들판을 지나 해안으로 나온다. 공항 활주로가 해안이랑 나란하다. 그래서 자주 오르내리는 비행기가 나에게 부딪힐 듯이 다가온다. 바다를 구경해야 하는데 저놈의 비행기 때문에, 조종자가 혹시나 졸지는 않는지 주시하면서 가야 한다. 여기서 비행기에 부딪히면 올레도 끝이다. 몰래물 마을의 갯메꽃이 너무 예쁜 해변에 노을언덕이라는 무인카페가 있다. 꽃도 바다도 실컷 보고 용하게 나를 피해 가는 비행기도 보면서 걱정을 내려놓는다.

해안도로를 따라 용두암을 지나고 용연계곡을 가로지르는 용연구름다리를 건넌다. 용이랑 관계된 길이군! 용두암에서 머리를 드러낸 용이 바다를 헤엄쳐 용연계곡에 와서 놀다가 좀 가물어 놀기에 물이 부족하다 싶으면 하늘로 솟구쳐 비를 불러왔겠네! 전설이 그렇다니까 얘기가 그렇게 연결되겠다.

한라산이 가장 잘 보이는 도두동 공항 활주로 옆 해안가 길.
바람에 드러눕는 보리밭 너머 한라산이 누워 있다.

해안을 벗어나 도시로 들어간다. 서귀포 이후로 오랜만에 도심으로 들어가 여러 번 길을 놓친다. 제주목 관아가 나온다. 관아 정문에 "수령 이하는 모두 말에서 내리라."는 비가 있다. 제주 최고 사령관이 머물던 곳이다. 제주 목사라면 제주도에서 임금이나 다름없다. 옛날 일이지만 상상의 위세에 걸음을 멈춘다.

18코스

간세라운지 -------- 조천만세동산

올레 때문에 알게 된 조선 여인, 김만덕

친구 부부가 와서 같이 걷는다. 편한 곳을 보여주고 싶은데 어떻게 제일 복잡한 도시의 대로와 골목이 먼저 나와서 여섯 개의 눈을 갖고도 길을 자주 잃어버린다. 제주에서 중앙로가 가장 번화한지 정 중앙인지는 모른다. 중앙로에서 언뜻 눈에 띈 비석 하나 있다. 광해군 유배지란 비석이다. 미리 가본 올레 20코스에 있는 행원포구에 광해군이 내렸다더니, 여기로 와서 일생을 마쳤군! 거기서 조금만 가면 귤림서원이 있고 거기에 오현단이란 비석이 있다. 제주랑 관계있는 다섯 명의 현자를 기린다. 관찰사 방어사도 있지만, 덕망 있는 선비가 귀양 왔다가 이곳에서 가르침을 했다고 한다. 귀양이 아니었으면 제주도에 학문적 정치적 문화가 수입되지 않았을 터인데, 아이러니하게도 귀양 제도 덕분에 제주도는 그런 출중한 존재들의 철학과 사상을 접할 수 있었다.

제주목관아 앞에서 찾아온 친구랑

남수각 벽화거리

도시를 누빈다. 하천을 지나 도시의 뒷골목으로 들어가면 좁은 길 양쪽에 벽화가 늘어선다. 마치 중미나 남미의 뒷골목 같다. 거기가 원조다. 글로벌시대라 금방 퍼진다. 좋긴 한데 이젠 대한민국 어디에도 없는 데가 없어서 신선함은 떨어진다. 남수각 벽화거리가 동문시장으로 이어진다. 올망졸망한 시장 안 골목길을 누비며 새참용으로 오메기떡도 사고 한라봉도 산다.

산지천을 따라가면 제주항이 있는 바다로 이어진다. 개천가에 김만덕 기념관이 있다.

대단한 여인이다. 김만덕은 이 여행 중에 알게 된 역사 인물로 가장 인상적인 인물이다. 200년 전 조선 정조 때 여인이란다. 영리하고 독립적이고 용기 있는 여인, 기생으로 살면서 여러 사람을 만나고 그런 인맥과 정보를 활용해 장사를 해서 큰돈을 벌고 그 돈을 대범하게 굶주린 사람들을 위해 쓴 여인이다. 글쎄 내가 아는 역사의 여인 중에 이만큼 대단한 용기와 능력과 열린 마음을 갖춘 이가 있었던가? 만약 그녀가 여염집 여인으로 살았더라면 아무리 똑똑하고 야무지고 담대했다 하더라도 성공은커녕 사업을 할 수도 없었겠지. 기생의 신분이 그녀를 그렇게 만들었나 보다. 만덕이 살던 시절의 객주를 재현한 초가집들을 돌아보면서 내가 가장 존경하는 여인으로 그녀를 정했다. 올레를 하면서 보람 있는 한 인물을 건졌다.

해안을 벗어나 사라봉으로 오른다. 제주 시민에겐 서울의 남산이다. 제주시와 제주항이 있는 북쪽 바다가 훤히 보인다. 백록담 북벽도 물론 보인다. 제주도에 오면 그냥 좋은 장소에 들리던 친구 부부가 벌써 이쯤 와보곤 "올레가 너무 좋다."고 한다.

제주 의녀 김만덕의 객주

두 개의 오름이 붙어 있다. 봄이 무르익은 길을 따라 별도봉으로 간다. 파란 바다 위에 바로 올라선 별도봉 옆구리를 따라가면 기쁨이 스멀스멀 올라온다.

잠시다. 다시 아픔이 앞에 놓여있다. 봄꽃이 흐드러지는 화북천엔 '사라져 버린 마을, 곤을동'이란 팻말이 있다. 4월 3일이면 그때는 지금보다 더 흐드러지는 봄날이었을 텐데, 툭툭 통째로 떨어지는 동백꽃처럼 이 화북천가에 있던 마을 사람들이 그렇게 사라졌단다. 그래서 사람들과 함께 영원히 사라진 마을, 곤을동이다. 하천이 바다로 이어지며 너무나 아름다운 그 길이 동백꽃 같은 넋을 품고 고요하다. '그래, 마을이 들어서지 않게 저렇게 옛터를 그대로 두는 게 좋겠어.'

사라봉에서 별도봉으로 가는 길에서

곤을동 4·3 유적지

　화북포구에서 친구의 아내를 보내고 둘이서 걷는다. 여느 해변에서 본 거랑 비슷한 돌성도 연대도 지난다. 오랜만에 동료가 있어 이야기하면서 가다 보면 금방 가진다. 삼양 검은해변을 지나면 '신촌 가는 옛길' 팻말이 나온다. "삼양에 사는 사람들이 신촌에 제사가 있으면 제삿밥을 먹기 위해 오가던 길"이란다. 밭길로 잔뜩 기대하고 밤길을 걸었겠지! 신촌에 부자나 종갓집이 있고 삼양엔 맏이가 아니거나 서출들이 살았나 보다. 예전 제사는 가장 깊은 밤에 있었다. 어릴 때 아버지가 제사 다녀오기를 기다리다가 졸음에 겨워 깜박 잠들면 한밤에 어머니가 깨워서 잠결에 먹이기도 하고, 아침에 뭘 조금 남겨두기도 했었는데, 그게 불과 50년 전 이야기이다. 여기 제주도에도 그랬나 보다. 지금 제삿길은 보리가 흔들리는 밭길이다.

　시비코지는 표면이 거북등처럼 갈라진 바위가 바다로 돌출된 곳이다. 멋진 거기서 바다에 매료된 누군가가 바다로 떠났는지 그를 추모하는 비가 있다. 멋진 바다다. 하지만 바다에 들어가면 숨을 쉴 수 없어. 시비에서 500m쯤 해안을 따라가면 닭모루길이다. 풍화된 바위가 닭대가리 모양이라서 그렇게 부른다. 그 바위보다 시비코지에서 닭모루로 이어지는 검은 바위가 들쑥날쑥한 해안과 거친 해안에 뿌리를 내리고 자란 풀이 펼치는 정경으로 멋지다.
　신촌포구까지만 간다. 같이 한 친구를 아내에게 보내줘야 한다.

시비코지

아침에 버스를 타고 다시 신촌포구로 온다. 흐린 날이라서 아니면 밤이 아니어서 오징어잡이 배들이 포구에 정박해 있나? 구름이 끼고 바람이 심한 날 왜가리들도 모여서 쉰다. 이런 날은 사람도 날짐승도 물고기 잡기가 힘든가 보다. 밤에 파도가 돌밭을 넘어 올레길까지 흩뿌려진 흔적 길을 걷는다. 신촌에서 조천으로 가려면 대섬을 거친다는데 검은 돌로 연결된 거기서 어디가 섬인지 모르고 지나간다. 대섬은 묽은 용암이 퍼져서 땅속에 있는 용암에 떠밀려 빵처럼 부풀었다는데, 섬 전체가 그런가 보다. 지형은 모르고 잡풀이 우거지고 돌탑이 많던 그 섬을 무심코 지나온다.

조천엔 엄청난 숫자의 용천수가 있다. 해안을 따라 스물세 개나 있어 용천수 탐방로가 따로 있다. 이 정도면 제주도에서 용천수가 가장 많은 동네다. 예전부터 사람들이 모여서 동네를 이루었겠네! 정말로 아무 데서나 물이 펑펑 솟는다. 물이 풍부하니 식수로도 쓰고 채소도 씻고 목욕도 하고 빨래도 하고 그런 흔적들이 남아있다.

제주 북쪽 바닷가에 연북정이 있다. 육지에 가장 가까운 제주의 관문이다. 유배 온 사람들이 언제나 한양에서 불러줄까 기다리면서 북녘을 향해서 임금을 연모한 장소란다. 불러주는 것도 좋지만, 사약을 내리라는 소식이라도 오면 어쩌려고 저기서 서성거린단 말인가? 벼슬 맛을 보면 중독이 되겠지. 그러다 보면 나도 모르게 목숨까지도 끌고 가게 되지 않았을까?

18-1코스
추자도

제주도와 전혀 다른 느낌의 추자도

제주항에서 추자도로 가는 배가 오늘은 뜬다고 연락이 왔다. 순전히 바람에 목숨이 달린 배다. 상추자항구에 닿는다. 두 개의 섬으로 된 추자도 올레는 이제껏 한 올레보다 길고 힘든 다. 남들이 6시간에 마치면 내겐 8시간이 걸린다. 하지만 5월의 해는 길고 아직 오전이라 숙소에 짐을 두고 온종일 돌면 충분히 마칠 수 있다.

초록 잔디가 깔리고 꽃이 만발한 추자초등학교를 지나간다. 터도 넓고 운동시설도 잘 갖춰지고 최고 품질의 산소가 공급되는 제주도의 초등학교는 단연 우리나라에서 최고다. 학교 뒤 언덕에 최영 장군 사당이 있다. 1374년 목호들이 제주 목사를 살해할 정도로 큰 반란을 일으켜 최영 장군이 그들을 토벌하러 가다가 풍랑을 만나 추자도에 머물렀단다. 그때

어민들에게 그물 엮는 방법을 가르쳤다고 한다. 진짜라면 대단하다. 평생 전장에서 생을 보낸 장수가 평생 그물로 고기를 잡는 어부들에게 그물 엮는 방법을 가르쳤다니! 정말일 수도 있겠어. 전장에서 튼튼한 그물로 적군을 잡기도 했을 테니까. 아무튼 그런 이유로 장군께 감사하는 마음으로 만든 사당이란다.

능선을 따라 봉골레산으로 간다. 제주도랑 전혀 맛이 다르다. 구멍이 숭숭 난 검은 바위도 없고, 얕은 연녹색 바다도 없고 돌담도 없다. 오히려 남해안 냄새가 난다. 멋지고 깊은 바다, 점점이 떠 있는 섬들, 이제 막 피는 여린 유채꽃, 하긴 나도 이게 전라도에 속한 줄 알았는데 언제부터 제주도가 되었을까? 세상 만나는 선들이 간단하고 말끔하다. 바다랑 섬, 그리고 하늘뿐이다. 섬이 꽤 된다. 다도해보다는 못하지만, 흠~, '그래서 섬이 군도를 이루며 마치 바다 가운데 가래나무의 열매를 흩뿌려 놓은 것 같다고 해서 추자도(楸子島)'라 했단다.

푸르고 맑고 시원하다. 섬의 하얀 암벽이 바다랑 만나며 꼬불꼬불 멀어지고 가야 할 능선들은 꽤 오르내림이 있어 보인다. 봉골레에서 마주 보이는 등대가 있는 꼭대기로 가려면 다시 바닷가로 내려가야 한다. 갖가지 색깔로 알록달록한 지붕, 산비탈에 집을 짓고 살려니 집은 작고 골목길은 좁고 가파르다. 그 골목길 담벼락에 모자이크로 온갖 모양이 그려지고 조

제주의 봄 올레에 홀리다

각되어 있다.

다시 비탈로 올라간다. 산비탈 눈곱만한 밭떼기에 완두콩, 강낭콩, 딸기 등을 심었다. 가팔라서 물을 가두기도, 길어서 주기도 힘든데, 저걸 어떻게 키우려는지? 정말로 남미 안데스 산자락에 잉카인들이 사는 부락이랑 똑같다.

비탈에서 등산로 보수를 하던 아저씨가 조심하란다. "해안이 가팔라서 발을 잘못 디뎌 떨어져 죽고, 사진 찍다 죽었다."고, 최근에 그랬다는 건지, 몇백 년 동안에 그런 일이 한두 번 있었다는 이야기인지는 모른다. 뭐 조심은 당연히 하자.

드러난 해안을 보니 그 남자 말도 맞다. 절벽에서 실족하면 바위에 튕겨 바다로 떨어지겠다. 하지만 남자가 위험하다고 한 해안 길은 '나바론 길'로 올레 코스는 아니다.

봉골래산에서 본 상추자마을, 중남미 해안마을 같다.

상추자마을 골목길

가파른 비탈 길옆에 일군 손바닥 크기의 밭

    추자도 등대에서 하추자도와 추자 알처럼 널린 부속 섬들이 드러난다. 바다에 떠 있는 섬이 맞지만, 그 섬들 때문에 바다가 멋진 절벽 사이로 스며드는 호수 같기도 하다. 하추자도로 가는 다리를 건너 그 섬에서 가야 할 길이 드러난다. 다리를 건넌다.

    하추자도의 솔숲과 잡목이 길옆으로 비켜서고 들꽃이 피는 길을 간다. 고요하다. 이미 같은 배를 타고 온 사람들은 다 떠났다. 대부분 오늘 제주도나 육지로 돌아갈 사람들이라 바쁘군! 잠자리가 마련된 나는 천천히 가자.

추자도 등대에서 본 하추자도와 추자 알처럼 널린 부속 섬들

　올레길 순방향, 역방향이 교차하는 묵리언덕을 지나 묵리마을로 간다. 돌로 된 섬의 좁은 공터에 조그만 마을이 들어섰다. 산기슭에 있어 해가 가장 늦게 뜨고 일찍 진단다. 어부도 아닌 게으른 농부가 살기에 딱 좋겠다. 온갖 핑계 대면서 손바닥만 한 밭에 콩 심고, 짧은 해거름에 바닷가에서 조개나 잡아서 먹으면…. 음 정말, 내가 그러고 싶다.

　작고 아담한 마을에 가게가 늘 열려있을 리가 없다. 하추자도에서 유일하다는 묵리슈퍼에서 군것질거리를 사지 못하고 떠난다.

　다시 산길을 간다. 여전히 들꽃만 피고 가끔씩 바다에 가까워지면 푸른 물이 자갈에 스며들면서 '좌르르좌르르' 소리만 낸다. 여긴 바람도 없는 건지? 바다가 이렇게 점잖다니? 제주도랑 달라도 너무 다르다.

또 작은 마을 신양리에 닿는다. 작은 섬에 많은 사람이 살 수 있는 넓은 터가 없어서 그런가? 섬 곳곳에 조금씩 모여 살며 마을이 만들어졌다. 여기선 사람 구경도 한다. 태양국이 만발한 갯가에서 아주머니 몇 명이 모여 앉아 당파를 다듬고 있다. '이젠 알지, 저건 먹으려고 하는 게 아니야. 육지에 보내서 다시 심어질 거지.'

추자도에서 안 이쁜 마을이 없다. 캐봐야 수십 채밖에 안 되는 집들이 옹기종기 붙어 있고 집터 뒤에 조그만 텃밭에 온갖 푸성귀를 키운다. 그랬잖니, '안데스 산자락의 원주민 마을 같다고'

배가 들어오면 올레를 하던 한 무리가 떠난다. 그 무리가 떠나면 이 길을 갈 누구도 없다. 어쩌다 하루 종일 혼자다. 마주치는 사람도 없다. 다시 기가 막히게 푸른 바다를 보고, 좌르르 하는 파도 소리를 듣고 닥나무가 우거지고 꽃이 마구 피는 길을 가면 '아 이런, 또 슬플 시간이군!'

신양리에서 육지로 보낼 당파 모종을 손질하는 아주머니들

　황경한의 묘가 있다. 제주 어느 올레에서 정난주의 묘가 있었는데 "그녀의 아들 황경환은 여기서 평생 살면서 노비로 팔려 간 엄마를 그리워했다." 한다. "제주도로 유배 가는 도중 잠깐 들린 추자도 갯바위에 두 살배기 아들을 내려놓고 떠났다."고 한다. 멀지도 않는 200년 전 정경이 그려지며 참 마음 아프다. 그 묘터에서 바라보는 풍경은 절경이다. 거기선 제주도 한라산도 보인다. 풀꽃이 만발한 올레길을 따라가면 섬의 뾰족한 바위에 '눈물의 십자가'가 있다. 거기서 어미가 사공을 설득해서 아들을 남겨 놓고 떠난 자리다. 고만 잊자.
　추자도 올레 중 너무 아름답다는 예초리기정길을 가며 정난주 이야기는 십자가에 남겨두자.

추자도를 둘러싼 섬이 마흔두 개이며 그 섬들의 대부분을 보며 걸을 수 있는 절벽길이 예초리기정길이다.

절벽 아래 깊은 바닷물이 찰싹이고 길은 우거진다. 길엔 제주도에서 이미 씨앗까지 여물리던 보라색 갯무꽃이 한창이고 줄기가 구불구불한 꼬부랑 나무와 돈나무가 모여서 자란다. 각기 다른 모양의 섬들이 깊고 든든한 바다에 자리를 잡았다. 바다가 깊어서 웬만한 바람은 바다를 건드리지 못하고 커다란 바다는 묵묵히 햇살만 부수고 있다.

평생 엄마 '정난주'를 그리워한 황경한의 묘

멋진 그 길을 터덜터덜 가면 예초리 가는 길이라더니 정말 예초리가 나온다. 멸치를 잔뜩 넣고 소금을 퍼부었을 고무다라가 길가에 묵직하다. 저게 돈덩어린데 저 무게면 바람에 날리지도 않고 누가 훔쳐 가지도 못하겠어!

햇살이 춤을 추는 예초리 포구에선 상추자도가 드러난다. 그러니까 이 올레는 상추자도에 이어서 하추자도를 시계 반대 방향으로 일주하는 거야. 이제 돈대산에 올랐다가 묵리교차로에 다시 가서 길을 잘 보고 상추자도 방향으로 길을 잡고 다리를 건너 상추자항으로 가면 끝난다.

예초리 기정길

'학교 가는 샛길'로 계단을 오른다. 역시 갯무가 가로풀로 훌륭한 꽃을 피우고 닥나무가 가로수로 숲을 이룬다. '돈대산 해맞이길'을 이제 좀 힘들여 오르면 꼭대기다. 정갈한 항구, 정갈한 바다, 정갈한 섬, 신양항이 나타나고 묵리가 보이고 추자 모양의 온갖 섬들이, 그리고 가야 할 상추자도가 드러난다. 무엇보다 저기 저쪽에 한라산이 박무를 쓰고 솟아오른다. 그 모든 걸 떠받치는 바다는 잔잔하기로 했다.

예초리 멸치젓 담기

'학교가는 샛길'에서부터 뒤떨어진 한 남자랑 앞서거니 뒤서거니 한다. 이곳에 동료들이 출장 오는데 자긴 하루 먼저 와서 올레길을 걷는단다.

"추자도에선 혼자 식사가 어려우니 같이 하시죠." "굳, 감사하죠."

돈대산에서 보면 상추자도 등 추자군도는 정말 호두를 깼을 때 그 속의 복잡한 모양이다.

묵리교차로를 지나고 추자교로 내려온다. 추자교 앞 이곳을 상징하는 조기 모형이 있다. 입을 크게 벌리고 살이 통통한 그놈이 맛있게 생겼다. 추자도 참조기가 유명하군!

한 두름 사야겠어.

돈대산에서 본 남쪽, 멀리 한라산이 보인다.

맑은 바다 위에 걸쳐진 다리를 건너 상추자도로 온다. 경치 좋고 공기 좋은 데서 평생을 살던 할머니가 손바닥만 한 밭에 일하러 간다고 나보고 괭이랑 바구니를 좀 들어서 밭둑에 놓고 가란다. 본인은 천천히 걸어서 오겠다고, 올레꾼을 많이 부려 먹은 말투 같다. 나도 당연히 말을 듣는다. 산비탈에 오밀조밀 집들이 붙어 있는 상추자도로 돌아온다. 그 집들이 색깔이 다 다르다. 그리고 코앞에까지 어떻게 저렇게 맑은 바다가 있을까? 볼록볼록한 산봉우리와 볼록한 섬들에 둘러싸인 추자도 바다를 보면서 돌아온다. 어둑어둑하다.

예초리로 가는 길에서 만난 청년이랑 횟집에 간다. 푸른 바다에서 건진 회가 너무 싱싱하다. 횟집 김치도 끝내주게 맛있다. 제주도식이 아니야. 전라도식 음식이다. 그렇군, 주인이 자긴 전라남도 해남 출신이란다. 산에서 내려다봤을 때 바다 가운데 생선을 가두는 테두리를 봤기에 우리가 먹는 생선이 양식한 거냐고 물으니까 아니란다. 그건 가두리 양식장이 아니라 물고기를 잡아서 저장하는 곳이란다.

"추자도에서는 사람만 양식하지, 다른 모든 건 자연산입니다." 그녀의 단언이다.

양식장이 아니라 물고기를 잡아서 저장하는 가두리

19코스

조천만세동산 ――――――― 김녕

제주도에서 하는 역사 공부

　1919년 3월 1일의 독립선언은 2주 늦게 제주도로 전해졌으며 인편으로 그 소식을 갖고 온 학생이랑 제주도민들이 미밋동산에서 만세를 불렀단다. 거기가 19코스 출발지다. 올레를 시작할 때는 역사에 관심 없었다. 태평양에 있는 어느 섬에 견주어 빠지지 않는 제주도를 돌며 그저 행복하고 싶었다. 하지만 그 땅을 디디고 다니다 보면 5,000년 역사에 우리 땅 어느 한 뼘이라도 역사가 서리지 않는 곳이 없다. 그렇다고 엄숙한 마음으로 굳은 표정으로 다닐 일은 아니다. 감사하고 기쁜 마음으로 다닌다.

　조천만세동산 앞에서 시작된 19코스는 만세동산을 가로지른다. 제주도 정낭을 상징한다는 세로로 세워진 두 개의 뾰족한 기둥으로 된 기념관 앞을 지난다. 이른 아침이라 닫혀있겠지. 인적도 동물적도 없는 벌판에서 바람만이 보리 이삭을 어루만지고 있다. 농부는 돈이 안 된 무밭을 갈아엎고 씨를 뿌릴 준비를 해두었고 돈이 될 거 같은 양파는 싱싱하다. 조천 해안으로 나가는 길에 이 계절엔 새하얀 돈나무꽃이 향기를 지천으로 흘리고 있다.

조천만세동산 기념비. 제주도 정낭을 상징해서 두 개의 뾰족한 기둥으로 되어 있다.

다시 바다다. 검은 돌을 향해 파도가 헤엄쳐 오는 바다. 해남 땅끝과 가장 가까운 관곶이다. 육지랑 가장 가까운 만큼 해류가 거친 곳이다. 봄풀이 돋은 해안 길을 가면 이른 아침부터 바닷가에 오토바이가 즐비하다. 현대의 해녀들은 방수랑 보온이 잘되는 고무 잠수복을 입고 오토바이를 타고 일터에 출근한다. 이미 흐린 바닷속에서 하루를 시작했다. 여기도 환해장성이 있다. 제주도민의 애환이 짐작된다. 고려시대부터 섬을 둘러싼 돌쌓기, 무명천으로 된 잠수복을 입고 바닷속에서 해산물 따서 올리기, 일제 강점기에 노역에 동원되어 동굴진지 만들기, 그리고 동포의 총부리에 쓰러져야 했던 4·3 등등. 대부분 슬픈 일이다.

해녀들이 바다로 출근할 때 타고 온 오토바이

신흥리 옴팍한 모래밭은 물에 잠겼다. 모래밭에 세웠을 방사탑 두 개가 물에 섬처럼 있으니 만조가 틀림없다. 얕기는 함덕모래밭도 마찬가지다. 만조가 아니었으면 드러나서 사람 발에 밟혔을 모래밭이 찰랑이는 물 아래서 휴식한다. 커피가 몹시 고프다. 바다로 난 모래밭 끝에 멋진 카페가 있다. 멋진 경치를 보장해선지 싸지 않다. 한잔에 6,500원이니 커피 두 잔이면 요즘 서울—제주 편 비행깃삯이다. 코로나 핑계로 종이컵에 담아주면서 일하는 젊은이가 사람들이 많아서 피곤해선지 퉁명스럽다. 많은 사람이 빵까지 사 먹던데 난 그래도 빵은 사지 않았다. 손님들에게 고맙게 여기는 생각도 보이지 않고 종이컵에 담긴 커피를 밀어서 주는데 비싼 빵까지 먹었으면 기분이 오래 나빴으리라.

제주도 해안가 어디에나 있는 환해장성 흔적

해수욕장이 내려다보이는 서우봉으로 오른다. '살찐 물소가 뭍으로 오르는 모양은 어떤 모양인가? 서우봉 이름의 내력엔 몹시 살찌고 싶은 소망이 담겨있다. 육지보다 따뜻한 기후에 벼를 제외한 다른 작물도 잘 되었을 테고 해산물도 풍부했을 이곳에서 배가 고픈 건 더 참기 힘들었을

게야! 한라산이 날개를 펼치며 보호해 주는 구릉과 이어지는 함덕해변은 포근하게 예쁘다. 바다가 오목하게 파고들었는지 땅이 바다를 안았는지 땅 쪽으로 쏙 들어온 바다는 포근해 보이며 안전해 보인다. 거기다 낙조를 보게끔 나무 의자도 만들고 나무를 베어냈는지 시야가 훤한 서우 낙조를 볼 수 있는 장소에서 오래 함덕해변을 보는 것도 참 좋다. 보리가 흔들리며 평화로운 서우봉에도 해안을 뒤져보면 구멍이 나 있다. 일본군들이 자살특공대를 숨기려고 만든 동굴이 여기에도 있다.

서우봉에서 본 함덕해변과 한라산

갯무꽃이 낭자한 서우봉 해안 길을 지나 북촌리 해동마을에 드디어 공영버스가 들어온다는 현수막이 흔들린다. 너븐숭이 기념비가 그다음이다. 제주도는 잊을만하면 아픈 역사를 갖고 나온다. 4·3 학살 희생자가 여기 북촌에서 가장 많았단다. 그 아픔을 지나서 비석 하나 세운다고 치유되는 건 아니다. 너무 시린 것들이 많아서 올레길이 '이런 길을 좀 피해가면 안 되나?' 생각해 본다.

선인장이 빼곡히 자라는 북촌 해안에서 손을 뻗으면 닿을 거리에 몇 개의 섬이 떠 있다. 다려도라는 무인도다. 수면보다 조금 더 높은 바위 부스러기에 정자도 등대도 있지만, 사람이 없어서 해양생물이 많이 산단다.

북촌에는 유난히 역사의 흔적, 삶의 흔적이 많다. 가릿당이라는 조그만 기와집이 있다. 신을 모시고 마을의 안녕을 비는 집이다. 마침 딱 그 시간에 근처에 와서 사진을 찍던 제주의 향토 학자가 누군가에게 말해주고 싶다가 기웃거리는 나를 발견하곤 그런 내용을 설명해 준다. 가릿당뿐이 아니다. 겨울 추위에 전복을 따는 해녀들을 본 다음 자기 수라상엔 해녀들이 수확한 해산물을 올리지 못하게 했다는 제주 목사 이야기, 이곳이 제주에서 가장 북쪽으로, 북포로 불리다가 북촌으로 바뀌었다는 것도, 4·3 때도 여기가 가장 심한 집단학살을 당했다는 이야기도, 좀은 바쁜 나그네인데 향토 학자로부터 강제 역사교육을 한참 들은 후에 풀려난다.

조금 걸음이 빨라진다. 북촌포구를 벗어나 바다를 떠난다. '벌러진 동산'이라는 우거진 숲을 지난다. 비가 많고 따뜻한 제주도에서 어느 땅이든 버려두면 곧 우거진다. 벌러진 동산이 그런 곳이다. 한 이십 분 숲을 휘젓고 나오면 밭에 양파가 싱싱하고 마늘이 늙어간다. 그 밭가에 바람개비들 십여 개 이상 늘어서 있다. 딸이 그랬지. "만약 저 바람개비에 매달렸다면 아빤 어떻게 내려올 거야?" 시답잖은 저 질문에 심각하게 답을 생각했다. "날개에 매달려 돌다가 땅에 가장 가까울 때 뛰어내린다거나 날개의 몸통을 껴안고 중심 쪽으로 미끄러져 내려올 거"라는 둥, 하지만 가까이서 보니 그게 답이 안 된다. 날개가 땅에 가장 가깝게 오는 지점에서 땅과 거리도 너무 멀고 날개를 껴안고 미끄러지기엔 날개 두께가 내 아름을 한참 벗어난다. 바람개비를 보며 같이 다니던 딸을 잠깐 생각하다가 다시 걸음을 옮긴다.

멋진 팽나무 두 그루가 대칭을 이루는 김녕리 마을도 지난다. 서로 다른 방향의 공간을 차지하고 균형을 이루며 공동의 공간을 비워두는 멋진 놈들이다. 사람이든 나무든 같이 멋지게 나이 들어갈 배우자든 친구가 있다는 게 얼마나 든든할까? 다시 바닷가 마을 골목을 누빈다. 어촌 마을에 식당도 없다. 김녕 서포구다. 뜨거워진 발의 열을 내리며 파래가 낀 바다로 간다. 동네 여인이 득달같이 호루라기를 분다. 파래 낀 바다가 위험하기도 하고 또 이 바다는 동네 주민들이 관리하는 지역인가 보다. 바다에 발 좀 담그고 싶다고 했더니 좀 안쪽에서 하란다. 순전히 내 안전을 고려해 주는 느낌은 아니다. 그래도 그렇지, 바다에 발 좀 담그는 거까지 동네 아주머니한테 허가를 받아야 한다니! 그렇게 하며 하루 종일 걸어서 뜨거워진 발을 식힌다.

앞에 보이는 섬이 무인도인 다려도다.

마늘밭 너머 거대한 바람개비들

김녕리 쌍둥이 팽나무

20코스

김녕서포구 ---------- 제주해녀박물관

돈이 되는 쪽파 알뿌리

구름이 끼고 바람이 부는 김녕바다는 을씨년스럽다. 파래를 잔뜩 인 검은 바위들이 바다에 떠 있다. 파래를 보니 내 등 뒤에 대고 호루라기를 불던 아줌마 생각이 난다. 파래가 잔뜩 낀 한 구역을 정해주고 거기에 발을 담그라고 했지.

한때는 북적였을 마을이 고요하다. 호루라기 아줌마라도 나오면 "왜 그랬냐?"라고 물어볼 텐데…. 아침 커피 한잔할 집을 찾아보지만, 간신히 찾은 집은 간간이 찾아오는 손님으로 인해 문을 닫았다.

그래도 어느 집 벽엔 올레 20코스를 축하하는 글귀도 쓰여있고 어느 집 담장엔 소라껍데기로 치장하고 뜰엔 꽃을 심고 언제나 환영한다는 뜻으로 정낭을 내려놓았다. 바닷가엔 넓적한 현무암이 퍼져있다. 김녕지

질공원이다. 끈적끈적한 용암이 천천히 굳으면서 편평한 돌밭이 되었어. 저걸 제주 사람들이 '빌레'라고 한단다. 그러게, 그렇다면 '김녕빌레길, 김녕빌레공원' 등등 좋은 말도 많은데 '김녕지오트레일'이라는 팻말이 영 거북하다. 풍경은 너무나 좋다. 검은 암반이 바닷가에 펼쳐지고 거기에 김녕도대불이라는 몇 개 안 되는 지금까지 살아남은 정말 옛날 등대가 있다. 제주 여러 곳에 있는 깔끔한 방사탑이 아니라 한눈에 봐도 투박하고 오래된 돌탑에 오르는 계단도 있고 꼭대기에 움푹하게 파여 바람에 불이 꺼지지 않도록 만들어졌다.

해안을 따라가면 일렬로 선 바람개비도 나름 멋있다. 멀리선 그렇다. 가까이 가보면 느려 보이는 날개가 얼마나 빠르게 큰 소리를 내는지 무섭다. 날이 밝아지면 파래 낀 빌레가 이쁘고 바다는 제주 여느 바다만큼 이쁘다. '성세기태역길'이 나온다. 태역은 잔디를 가리킨다. 해안가 잔디가 많은 길이란 뜻이다. 글쎄 그 길엔 잔디보다 띠나 억새, 속새 같은 거친 외떡잎식물이 많다. 돌밭에 터를 잡고 자신의 허물을 자양분 삼아 외롭고 거칠게 살아온 식물이다. 또 그 길엔 허물어진 성벽의 잔해가 있고 그 틈에 등대풀이 연두색 꽃을 물고 있다. 인간의 역사뿐만 아니라 자연의 역사가 녹아있는 길이다.

월정리해변에서 서핑을 한다. 흠! 파도가 알맞고 파도에 밀려도 해변

모래에 처박힐 수 있어서 안전한가 보다. 설마 현무암이 바다로 뻗어진 곳에서 서핑하진 않겠지. 내가 도전해서 성공 못 한 유일한 스포츠가 서핑이다. 부러워서 한참 바라본다. 아직 죽진 않았으니 독학하지 않고 선생한테 배우면 성공할 수도 있겠어.

월정리 쪽파밭에 쪽파는 왜 저 모양이지?

팔리지도 않고 밭에서 슬픈 꽃을 피우며 늙어가네! 제주도 농부도 거의 도박하는 셈이야. 많은 작물을 캐지도 않고 밭에서 늙어 죽게 하거나 갈아엎으니 말이다. 성실한 농부도 이젠 안 되는 거야?

행원포구에 닿는다. 마을 안에 바다가 들어와 있다. 집을 둘러싼 돌 담벼락 아래 바다가 찰랑거린다. 베니스가 부럽지 않다. 방 안에 앉아서 담 너머로 낚싯대를 드리울 수도 있고 담벼락에서 투망을 던지거나 잠시 무릎 걷고 나가, 족대로 물고기를 잡을 수도 있다. 게으른 어부에게 가장 이상적인 마을이다. 바다가 호수처럼 마을에 폭 안겨져 태풍이 불어도 끄떡없나 보다. 그 포구에 '광해군이 제주도로 유배되어 기착한 곳'이라고 쓰여있다. 그 시절에 나룻배에 태워 여기까지 보냈으면 얼마나 고생했을까? 그가 게으른 어부가 되어 행복했었으면….

꽃이 피는 쪽파밭에서 아주머니를 만난다. '쓰러지고 버려진 쪽파지만 몇 뿌리 캐서 먹으려고 하나?' '저렇게 열심히 키워서 버리게 되었는데 지나가는 사람이 호기심에 뭐라도 묻는다면 얼마나 속상할까?' 그래도 물어보자.

"아주머니, 쪽파로 뭐 하시게요, 다 쓰러졌는데요?"

"무슨 말씀, 이게 돈덩어리라요."

"네?"

"이게 알뿌리요, 육지에선 이걸 구하려고 난린디. 이 알을 육지로 보내면 그걸 심어서 쪽파로 파는디."

말하자면 육지 쪽파의 씨앗이다. 성실한 농부가 불운하게도 실컷 키워서 버린 쪽파인 줄 알았는데 돈덩어리라니? 너무 다행이다.

좋은 기분으로 너덜너덜 길을 간다. 싱싱한 꽃을 피워 올리는 감자밭도 지나고 네모난 돌담, 좌가연대에 닿는다. "연대는 횃불과 연기를 이용하여 정치·군사적으로 급한 소식을 전하던 통신수단을 말한다. 주로 구릉이나 해변 지역에 설치되었고 봉수대는 산 정상에 설치되었다."

아하, 그렇군! 다시 바닷가로 나온다. 노오란 태양국이 골목길 돌담 아래 너무나 화려하다. 저렇게 이쁜 꽃이 어떻게 아무 데서나 잡초처럼 자라고 꽃을 피우는지? 제주도는 좋기도 하고 신기하기도 하다.

한동리를 지나 평대리 해안가로 나온다. 해안에 '벵듸고운길'이란 돌로 된 팻말이 있다. 돌과 잡풀이 우거진 들판이 벵듸란다. 평대리가 벵듸마을이란 뜻이네. 아늑하고 한적한 길이다. 검은 집담이 있고 검은 밭담이 있고 그 위를 송악과 잡풀이 기어오르고 돌담 중간중간에 후박나무나 까마귀쪽나무가 자리한다. 돌담 아랜 눈부시게 노란 가자니아가 비료를 준 밭작물보다 더 건강하게 자라며 화려한 꽃을 피운다.

쪽파밭을 돌보는 아주머니

어느 돌담에선 진돗개 강아지가 돌담 위에 몸을 빨래처럼 널고 지나가는 사람들을 구경하며 또 관심을 받고 싶어 한다. 아닌가? 그 집엔 햇고사리를 판다는 나무 팻말이 있는데 주인 대신 고사리를 팔고 있는 놈일 수도 있다.

들판으로 나가면 4월 말에 봄은 익을 대로 익어 고들빼기 정도는 이미 씨앗을 날리고 있다. 잡풀이 무성하고 나물은 이미 쇠어서 나무가 되었다.

그 길의 끝에 세화해변이 있다. 코로나로 드문드문한 청춘들이 바닷가에서 몸을 이리저리 돌리며 사진을 찍고 있다. 코로나랑 상관없는 바다는 같은 물빛으로 땅을 탐하며 밀려오고 물러나며 쏴아~~ 소리를 만든다. 기가 막힌 곳이군! 제주에서 기가 막히지 않는 바다는 있기는 했던가?

고사리를 팔고 있는 강아지

21코스

제주해녀박물관 -------- 종달리

시흥리로 이어지는 종달리, 돌고 도는 올레

　마지막 코스는 짧으며 쉽다. 내내 바닷가로 돌다가 마지막에 오름에 한 번 올랐다가 내리면 끝이다. 아주 천천히 올레의 마지막 맛을 느끼면서 가자. 해녀항일운동 기념공원을 가로질러 간다. 공원엔 이미 삐삐가 하얗게 피어버렸다. 봄엔 찔레순도 먹고 피기 전에 달착지근한 삐삐도 먹어야 하는데 5월의 첫날 제주도는 초여름이다.

　연대가 있는 연대동산의 옆을 지나 숨비소리길을 따라가면 하도포구로 가게 된다. 여름꽃이 무성한 언덕을 넘는다. 누군가 그랬는데 "하얀 꽃이 많으면 여름이라고" 동산에 하얀 들꽃들이 무성하다. 언덕을 넘고 낮은 돌담과 낮은 지붕으로 된 마을을 지나면 평탄한 밭길이다. 너무 평탄해서 오늘 마지막이 될 사다리꼴 지미오름이 저기 앞에 보인다. 천천히 가자.

찔레순을 먹으며 갈아엎은 무밭과 꽃대를 올려버린 배추밭, 묵히는 밭을 지난다. 그 길을 '낯물밭길'이라 한다. 제주도민들은 국어의 천재들이여! 어찌 사물의 이름을 이렇게 정감있게 잘 짓는지? 제주도 말을 표준어로 해야 했어! 이러라고 세종임금님이 한글을 지어준 건데….

뭐? 지오트레일? 더구나 한글 천재들이 있는 제주도에서 그런 말은 안 어울린다.

하도포구 옆에 별방진이 있다. 왜적을 막는 성으로 곡식과 고기를 저장했다가 흉년에 백성들에게 빌려줬단다. 가지런한 돌로 된 성벽을 지나 곧장 바다로 나와서는 계속 바다를 보며 걷는다. 길엔 노란 꽃이 만발하고 저기 바다에 조그만 섬을 지나 1코스에서 보았던 우도가 드러난다. 길은 결국 돌아서 연결되네! 바닷가 오래된 돌담 위로 잡풀이 무성하고 그 너머 농도가 곳곳이 다른 바다가 잔잔히 펼쳐져 있다.

문주란이 자란다는 토끼섬이 바로 보이는 카페에서 한참 머문다. 기가 막힌 곳이군! 어느새 지미봉이 커다랗게 와 있고 바다 건너 저쯤에 있는 일출봉도 보인다. 옅은 바다와 깊은 바다 건너 우도도 있다. 1코스랑 보는 게 많이 겹치네. '지극히 아름답다.'라는 말을 이때 쓰는 거야. 돌아본 제주 최고 해안중 하나가 되겠어.

모래밭이 있고 수초가 자라고 이른 여름에 물에 뛰어드는 사람들이 있는 바다를, 시간을 들여 오래오래 보다가 드디어 지미봉을 향해 떠난다.

지미봉에 오른다. 360도 조망이 정말로 가능하다. 오름 중 최고의 전경을 보유하고 있다고 봐야 한다. 지나온 하도 해변, 토끼섬, 우도, 호를 그리는 종달리 해안, 일출봉, 섭지코지, 백록담이 보인다. 제주도에 있는 대부분이 보이네.

1년 전 1코스의 말미오름에서 보았던 풍경이 재현된다. 색색의 조각난 천을 기워서 만든 비뚤배뚤한 논밭, 바다로 기어나가는 검은 바위 무리, 땅을 파고드는 연초록 바다.

지미봉에서 제주도의 동쪽 반은 다 보이겠어. 종달리 해안으로 내려온다. 해안의 얕은 바다가 모래를 드러낸다. 바닷가 풀밭 어디쯤에 마지막을 알리는 간세가 서 있다. 끝이다.

이름도 이쁜 종달리에서 걸음을 끝내는 것이 맞다.

지미봉에서 본 왼쪽 우도, 오른쪽 일출봉

올레의 마지막, 종달리 해안길